KB195545

지하철 타고

어휘 여행

지하철 타고
어휘 여행

책장속 편집부 저

여의도역
핫플 여의도가
'여의도'라는 이름을
갖게 된 이유를
아시나요?

잠실역
조선시대에 뽕나무와 누에를
키우는 방이 있었대요.

합정역 한강에서 조개껍데기가 우물에 떠내려와서
'조개우물'이 되었대요.

책장속
BOOKS

목차

5호선

6호선

7호선

8호선

9호선

일러두기

이 책은 서울 지하철 1호선부터 9호선까지의 9개 노선에서 277개 역명의 유래를 담고 있습니다. 서울교통공사, 국토지리정보원, 서울역사편찬원, 한국지명유래집, 한국민족문화대백과사전 등 방대한 자료를 참조하여 집필되었습니다. 역명에 따라 유래에 대한 설화가 여럿이거나, 유래를 해석하는 여러 견해가 있는 경우, 어원과 가장 연관성이 있는 것을 우선순위로 정해 책에 실었습니다. 목차는 노선의 순서대로 구성하되, 가독성을 위해 일부 순서가 바뀐 역이 있습니다.

1호선

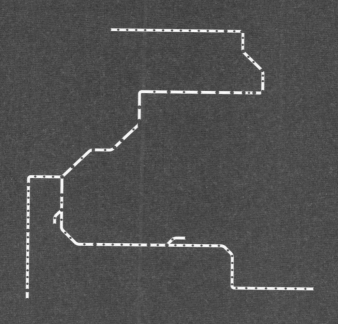

의정부

議	政	府
의논할 의	정사 정	마을 부

의정부는 조선시대 최고 행정 기관의 명칭으로, 조선시대에 의정부 청사는 육조거리(지금의 광화문 광장~세종대로)에 있었다. 그런데 경기도 북부 지역을 '의정부'라고 부르게 된 것은 태종 이방원과 그의 아버지 태조 이성계와 관련이 있다.

■ 왕위를 차지하기 위해 '왕자의 난'을 일으킨 이방원에 크게 분노한 태조는 함흥으로 떠나 버린다. 태종은 아버지를 다시 한양으로 모시기 위해 사신을 보내나, 크게 화가 났던 태조는 보낸 사신들을 모두 활로 쏘아 죽였다. 무학대사의 설득으로 태조 이성계는 한양으로 돌아갈 것을 결심하지만, 궁궐까지는 가지 않고 지금의 의정부 지역에 머물렀다. 태조가 한양으로 오기를 거부하니 당시 대신들이 이곳으로 와 태조에게 업무를 보고했는데, 그래서 이곳을 '의정부'라 부르게 되었다.

● 함흥차사(咸興差使): 태조를 모시러 함흥으로 갔던 사람 중에 살아서 돌아온 이가 없다고 해서 생긴 고사로 '심부름하러 가서 오지 않거나 늦게 온 사람'을 이르는 말로 쓰인다.

-->

-->

'회룡'은 '용이 돌아왔다'는 의미인데, 여기서 용은 태조 이성계를 말한다. 회룡역의 '회룡'은 '회룡사'에서 왔는데, 회룡사의 이름에는 이성계와 관련된 설화가 두 가지 있다. 첫 번째는 이성계가 조선을 세우기 전, 무학대사와 함께 절에 머물렀는데 이성계가 왕위에 오른 뒤에 이 절에 다시 왔기에 회룡사가 되었다는 것이다. 두 번째는 왕자의 난으로 태종에게 크게 분노한 태조가 화를 풀고 한양으로 가려던 길에 절에 있던 무학대사를 만났다. 그래서 이곳에서 며칠 머물다, 이 절을 중창하고 '임금이 환궁한다'는 뜻으로 '회룡사'로 부르게 되었다는 설이다.

● 중창은 낡은 건물을 헐거나 고쳐서 다시 짓는 것이다.

-->

-->

망월사

望	月	寺
바랄 망	달 월	절 사

'달을 바라보는 절'이란 뜻으로 도봉산에서 가장 크고 유서 깊은 사찰인 망월사에서 유래한다.

■ 망월사는 신라 선덕여왕 8년에 혜호 스님이 왕명을 받아 국태 민안(國泰民安: 나라는 태평하고 백성은 편안함)과 삼국통일을 염원하며 창건한 것으로 전해진다. 이 사찰의 이름이 '망월사'인 이유는 혜호 스님이 월성(月城: 지금의 경주로, 삼국시대 신라의 궁궐이 있었던 곳)을 바라보면서 신라 왕실의 융성을 기원했기 때문이다.

道	峰	山
길 도	봉우리 봉	메 산

도봉은 길이 봉우리로 이루어져 있다는 뜻이다. 즉, 큰 바윗길로 이루어져 산이 매우 가파르고 험준하다는 데서 유래한 이름이다. 또 다른 설은 이성계가 조선 왕조를 위해 이곳에서 도를 닦았다고 하여 '도 닦은 봉우리'라는 의미도 있다.

放	鶴
놓을 방	학 학

'방학'의 유래에 관해서는 여러 이야기가 전해진다. 학(鶴)과 관련된 유래로는 조선시대 임금이 도봉서원의 터를 정하기 위해 도봉산 중턱에 앉아있을 때, 학이 평화롭게 놀고 있는 모습을 보고 '방학(放鶴)'이라 하였다는 이야기가 있다. 그리고 이곳의 지형이 알을 품고 있는 학의 모습과 비슷하다 하여 '방학'이라고 불렀다는 설이 있다. 또 다른 설로는 이곳에 방아(곡식을 찧는 기구)가 있어서 '방아골(굴)'이라고 불렸는데, 이를 한자로 기록하면서 '방학리(放鶴里)'로 변했다는 것이다.

倉	洞
창고 창	골 동

조선시대에 이 지역에 양곡 창고가 있어 지명이 '창동'
이 되었다.

鹿	川
사슴 녹	내 천

조선시대에 중랑천이 범람하여 홍수로 이곳이 폐허가
되었다. 그때 마을 뒷산의 사슴이 내려와 목욕하고 간
후부터 농사가 잘되고 마을도 평안해져서 '녹천'이라
고 불렀다.

月 ｜ 溪

달 월 ｜ 시내 계

이곳은 중랑천과 우이천에 둘러싸여 있는데, 그 지형이 마치 반달처럼 생겨서 '월계'라 부른 데서 유래한다.

新	里	門
새 신	마을 이	문 문

이곳은 조선시대에 방범 초소 역할을 했던 이문(里門)이 있던 곳이다. 신이문역은 망우선 이문역(현재는 폐역)과 명칭이 중복되는 것을 피하고자 '신(新)'이문역이 되었다.

■ 이문(里門)은 세조 11년(1465년)에 처음 설치되었고, 마을을 보호하기 위한 제도였다. 주로 야간 통행자를 검문하는 곳이지만 민속 신앙에 따라 외부의 잡귀를 물리치기 위해 장승, 솟대 등이 세워져 있었다.

回　　　基

돌 회　　터 기

'회기(回基)'는 연산군의 친모 폐비 윤씨의 묘소인 '회묘(懷墓)'에서 유래된 지명이다. 1914년 일제가 품는다는 의미의 '회(懷)' 자가 어렵다는 이유로 돌 회(回)로 바꾸고, '묘(墓)'는 마을 이름으로 적절하지 않다고 터기(基)로 바꾸면서 지금의 '회기(回基)'라는 이름을 갖게 되었다.

■ 성종의 사약을 받고 죽은 폐비 윤씨의 묘소는 원래 경기도 장단에 매장되었다가 이후 망우리로 이장되었다. 그러나 연산군이 즉위하고 어머니의 비극적인 죽음에 대해 알게 된 후, 연산군 4년에 폐비 윤씨의 묘를 지금의 회기동(경희의료원 자리)으로 옮겼다. 연산군은 또한 폐비 윤씨를 제헌왕후(齊獻王后)로, 회묘도 '회릉(懷陵)'으로 승격하였지만, 중종반정 후 윤씨는 다시 폐비로, 윤씨의 묘소 역시 회묘로 강등되었다. 회묘는 1969년 경희의료원을 신축하면서 고양시 덕양구 서삼릉으로 이장되었다.

清	凉	里
맑을 청	서늘할 량	마을 리

수목이 울창하고 맑은 샘이 있어 청량한 바람이 부는 시원한 곳이라 하여 '청량리'라 불리게 되었다. 조선시대 피서를 떠나는 행렬이 이곳을 지나갔다고 한다. 이곳에 '청량사'라는 절이 있어 그 이름에서 유래되었다는 설도 있다.

祭	基	洞
제사 제	터 기	골 동

제기동은 '제사를 지내는 자리'라는 뜻에서 유래되었다. 이 마을은 조선시대 왕들이 선농단(先農壇)에서 풍년을 기원하는 제사를 지내던 자리였다.

■ 선농단은 농사의 신(神)인 신농씨(神農氏)와 후직씨(后稷氏)에 제사를 지내는 제단이다. 조선시대의 왕들은 매년 선농단에서 직접 제사를 지냈다고 한다. 1908년에 선농단의 신들은 종로구의 사직단으로 옮겨져 지금 선농단에는 터만 남아있다.

● 제사를 다 지내면 선농단에 제사 음식으로 올렸던 소를 푹 삶았다. 그 국물에 밥을 말아 먹었는데, '선농단'에서 내렸다는 뜻의 선농탕이 설롱탕으로 되었다가 오늘날의 '설렁탕'이 되었다고 한다.

新	設	洞
새 신	세울 설	골 동

조선시대에 새로 세워진 마을이라 신설계라고 부른
데서 유래한다. '새말' 또는 '신리'라고 불리기도 했다.

東	廟
동녘 동	사당 묘

동묘는 동관왕묘(東關王廟)의 줄임말로, 중국 촉나라
의 장수 관우(關羽)의 사당이다.

■ 임진왜란(1592년~1598년)이 일어나자 조선은 명나라에 지
원군을 요청했다. 군사를 파병한 명나라는 관우의 신령이 도왔
기에 왜군을 물리칠 수 있었다며 관우의 사당을 짓기를 제안했
다. 이를 위해 당시 명나라 왕 신종은 친필 현판과 동묘 건축 비용
을 보냈고, 그리하여 동관왕묘는 선조 34년(1601년)에 창건되었
다. 동관왕묘는 1963년 1월 21일 보물(제142호)로 지정되었다.

東	大	門
동녘 동	클 대	문 문

동대문은 우리나라 보물 제1호이며, 흥인지문(興仁之門)의 속칭이다. 서울 도성 4대문 중 하나로 동쪽의 대문이다.

■ 태조 7년인 1398년에 지어졌고, 현재의 형태는 1869년(고종 6년)에 다시 지은 것이다. 태조 이성계는 한양 도성의 동서남북에 문을 만들고 유교의 덕목 '인의예지(仁義禮智)'를 문 이름에 담았다. 그중 흥인지문(興仁之門)의 덕목은 '인(仁)'이다. 흥인지문은 사대문 중 유일하게 이름이 네 글자다. 처음엔 그냥 '흥인문'이었지만, 한양 동쪽이 토대가 낮고 물이 흘러 나가므로 땅의 기운이 약하다고 판단해 이를 북돋운다는 의미에서 산맥을 뜻하는 '지(之)' 자가 추가되었다. 흥인지문이라는 현판의 글씨는 퇴계 이황이 쓴 것이다.

동대문 · 종로3가

鐘 | 路

종 종 | 길 로

조선 초기부터 이 지역에 인정과 파루를 알리는 종이 달린 종루(鐘樓)가 있었다. 그곳에서 4대문으로 통하는 길을 종길, 또는 '종로'라고 부른 것에서 유래한다.

■ 조선시대에는 종을 쳐서 통행금지를 알렸다. 인정(人定)은 밤 10시에 종을 쳐서 통행금지를 알리는 것이고, 파루(罷漏)는 새벽 4시에 종을 쳐서 통행금지를 해제하는 것이다. 종로는 왕의 행차를 위해 일직선으로 반듯하게 만들어졌으며, 조선시대 제일의 번화가로 서울의 중심 도로였다.

鐘	閣
쇠북 종	집 각

조선시대에는 종을 쳐서 밤 10시에는 인정(人定)을, 새벽 4시에는 파루(罷漏)를 알려 도성 8문을 여닫게 했다. 종각은 그 종을 매단 누각인 '종루(鐘樓)'였다. 조선은 종루를 중심으로 도시 상업이 발달하였다.

龍	山
용 룡	메 산

산 모양이 용을 닮았다고 해서 '용산'이라 불리게 되었다.

鷺	梁	津
해오라기 노	들보 량	나루 진

노량진은 '백로(白鷺)가 노닐던 나루터'라는 뜻으로 '노들나루'를 한자어로 만든 이름이다.

■ 노량진은 예로부터 한강을 가로지르는 교통의 요지로, 조선시대에 지금의 용산에서 수원 방면으로 가려면 이 나루터를 거쳐야 했다. 노량진역은 1899년 9월 18일 개통된 우리나라 최초의 철도 '경인선'의 시종착역이었는데, 당시 경인선은 노량진에서 인천 제물포까지 이어졌다.

新	吉
새 신	길할 길

정확한 유래는 알 수 없으나, '신길'은 새로운 좋은 일
이 이 마을에 많이 생기기를 기원하는 뜻에서 붙여진
이름이라 추정한다.

永	登	浦
길 영	오를 등	물가 포

우리 민속 중에 영등일(靈登日: 음력 2월 초하루)부터
보름 동안 했던 영등(靈登)굿, 영등놀이와 관련이 있는
것으로 추정한다. 영등굿에서 한자만 변경된 영등(永
登)과 나루터를 의미하는 포(浦)가 합쳐져 영등포(永登
浦)가 되었다.

新	道	林
새 신	길 도	수풀 림

도림동에서 새로 갈라져 나온 마을로, 신(新)을 붙여 신도림이 되었다. 도림동은 길(道) 옆에 풀이 숲(林)을 이루었다고 해서 붙여진 이름이라는 설이 있다. 산이 이 마을을 병풍처럼 둘러싸고 있는데, 이 모습이 길에서 돌아앉아 있는 마을 같아서 '도야미리'라 부르다가 도림이 되었다는 설도 있다.

구로

九	老
아홉 구	늙을 로

'구로'는 이 마을에 노인 아홉 명이 장수했다는 전설에서 유래한다.

오류동

梧	柳	洞
오동나무 오	버들 류	골 동

이곳에 오동나무와 버드나무가 많이 있어서 오류골이라고 불렸던 것에서 유래한다.

溫 ｜ 水

따뜻할 온 ｜ 물 수

옛날, 이 지역 일대에서 따뜻한 물이 나와 붙은 이름
이다.

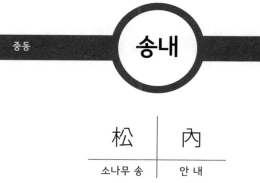

松 ｜ 內

소나무 송 ｜ 안 내

소나무가 우거진 마을의 안쪽에 위치한다고 해서 붙
여진 이름이다.

역곡

驛	谷
역 역	골 곡

이 지역 골짜기 부근에 우역(郵驛)이 설치되어 있어서 역곡, 역마골이라 불린 데서 기인한다.

■ 우역(郵驛)은 신라시대부터 조선시대까지 존재했던 육상 통신·교통 기관으로, 공문서 전달, 관물(정부나 관청 소유의 물건) 운송 및 관료의 숙식 제공 등을 담당했다. 역참이라고도 불렸다.

富 ｜ 平

풍요로울 부 ｜ 평평할 평

'부평'이라는 지명은 문헌상 고려 충선왕 2년(1310년)에 처음 등장한다. 고려와 조선을 거치면서 부평부, 부평도호부, 부평군 등으로 행정구역 명칭이 변천되었다. 부평은 '풍요로운 평야'라는 뜻이지만, 실제 부평이 비옥해진 것은 1925년 이후부터다.

간석　　　　　　　　**주안**　　　　　　　　도화

朱	安
붉을 주	편안할 안

흙색이 붉어 주안이라 불렀던 것에서 유래한다.

도화　　　　　　　　**제물포**　　　　　　　　도원

濟	物	浦
건널 제	물건 물	개 포

제물포는 조선시대에 인천 해안에 있었던 작은 항구
이다. 제물포의 지명 유래는 여러 해석이 있는데, 이곳
이 포구였기 때문에 '물을 건넌다'는 뜻에서 유래되었
다는 것이 그중 하나이다.

32

인천

仁 | 川

어질 인 | 내 천

고려시대 인종이 이곳이 어머니의 고향임을 기념하기
위해 인주(仁州)라고 명한 것에서 유래한다.

■ 현재 '인천'이라 불리는 지역은 삼국시대 때는 미추홀, 고구려
때는 매소홀, 통일신라 때에는 소성현이라고 불렸다. 그 후 고려
시대에 인종(1122년~1146년)은 어머니 순덕왕후(인천 이씨)의
고향임을 기념하기 위해 이 지역에 '인주(仁州)'라는 지명을 내렸
다. 오늘날 우리가 부르는 '인천'이라는 이름은 조선 태종 13년
에 처음 쓰였다. 태종은 당시 전국의 행정구역 이름을 개정했는
데, 군현의 이름에 주(州) 자가 있으면 이를 모두 산(山) 자 혹은
천(川) 자로 바꾸었다. 인천은 물에 가까워서 천(川)자로 변경하
여 인주(仁州)가 인천(仁川)이 되었다.

禿	山
대머리 독	메 산

이 마을에 있는 산봉우리에 나무가 없어 대머리같이
벗겨졌다고 해서 붙은 이름이다.

石	水
돌 석	물 수

이 일대에 석공이 많아서 석수(石手: 돌 석, 손 수)동이
라 불렸는데, 1932년 석수(石水)수영장이 개설되면서
석수(石手)는 석수(石水)로 변경되었다.

안양

安	養
편안할 안	기를 양

'안양'은 고려 태조 왕건이 창건한 안양사에서 유래한
다. 안양사는 고려 왕실의 후원으로 세워져 이 지역의
정신적 도량이자 경제 활동의 구심점이 되었다. 안양
사가 있었던 안양사지는 현재 경기도 기념물로 지정
되었다.

● 도량은 도를 얻기 위해 수행하는 곳을 이르는 불교 용어이다.

鳴	鶴
울 명	학 학

명학 바위(학이 울었던 바위)에서 유래된 지명이다. 명학 바위라는 이름에 얽힌 설화는 다음과 같다. 조선 인조 때 좌의정을 역임했던 심기원이 부친의 묫자리를 위해 비산동의 야산을 팠는데, 돌 밑에 학이 두 마리가 있었다고 한다. 그 중 한 마리는 날아갔고, 다른 한 마리는 바위에 날아와 앉더니 슬피 울고 갔다는 이야기가 전해진다.

금정

衿	井
옷깃 금	우물 정

이 마을은 어느 곳을 파도 물이 잘 나와 물 긷는 여인들의 옷깃을 적셔 금정리(衿井里)라 부른 데서 유래한다.

군포

軍	浦
군사 군	개 포

'군포'의 유래에 관해서는 여러 이야기가 전해진다. 임진왜란 때 이 마을 사람들이 굶주린 관군에게 음식을 제공하였고, 배불리 식사한 군사들은 왜병을 크게 무찔렀다고 한다. 그래서 굶주린 관군이 배불리 먹은 지역이라는 뜻의 군포(軍飽: 군사 군, 배부를 포)라고 불리다가 군포(軍浦)로 한자만 변경되었다. 이 외에도 청일전쟁 때 청나라 군사가 이곳에 머물러서 군포(軍浦)라는 이름이 붙었다는 설과, 군포 옆을 흐르는 하천의 이름이 군포천(軍浦川)이기 때문에 군포로 불렸다는 설 등이 있다.

水 | 原

물 수 | 벌판 원

기록에 의하면 수원 지역의 최초 지명은 '모수국'으로, 삼한 시대(마한, 진한, 변한) 마한의 작은 나라였다. 모수란 벌물이란 뜻으로 현재 지명인 수원(水原)과 그 뜻이 같다. 이후 삼국시대에는 '매홀'이라 불렸는데, 매홀은 물이 많은 고을을 뜻하며 '물고을'을 발음한 것으로 추정된다. 이후 '수성'과 '수주'를 거쳐 지금과 같이 '수원'이라고 불린 것은 고려시대(1271년)부터다. 수성, 수주, 수원 모두 물이 많은 곳을 의미한다.

細	柳
가늘 세	버들 류

이 지역은 냇가에 버드나무가 많아 '버드내'라고 불려 '가느다란 버드나무'라는 의미의 한자명으로 세류(細柳)가 되었다.

餠 | 店
떡 병 | 가게 점

이 지역은 조선시대에 삼남대로(서울에서 충청, 전라, 경상도로 가는 길)가 통과했던 곳이라 사람의 왕래가 잦았다. 그래서 이곳을 거쳐 가는 행인들에게 떡을 파는 떡장수가 많아 '떡가게'라는 뜻의 '병점'이라고 불렀다.

평택

平	澤
평평할 평	못/윤택할 택

이 지역은 대부분 해발고도가 100m 이하로, '낮고 평평하며 연못이 많은 땅'이라는 뜻의 '평택'이라 불렀다고 한다. 또는 '골고루 윤택하게 사는 곳'이라는 의미로 평택이라 부르게 되었다는 설도 있다.

斗 | 井
말 두 | 우물 정

이 부근 마을 앞에 큰 우물이 있었는데, 그 우물에서 물이 말로 쏟아져 나온다고 해서 '말우물' 또는 '두정'이라 불리게 되었다.

● 말은 부피를 재는 단위로 한 말은 약 18리터다. 말은 두(斗)라고도 한다.

天 | 安
하늘 천 | 편안할 안

고려 태조 13년에 이 땅이 하늘 아래 가장 편안한 땅
이 되라는 의미에서 이 지역을 '천안부(天安部)'라 부른
데서 유래한다.

溫	陽	溫	泉
따뜻할 온	볕 양	따뜻할 온	샘 천

1442년 세종대왕이 온양에 행차해 이곳을 온양군으로 개칭한 후, 계속 '온양'으로 불리고 있다.

■ 온양온천은 국내에서 가장 오래된 온천이다. 그 역사는 삼국시대로 거슬러 올라가며, 조선시대에도 여러 왕이 휴양이나 병의 치료를 위해 머물고 갔다는 기록이 있다. 이 지역은 뜨거운 물이 나와 백제시대에는 탕정군(湯井郡), 고려시대에는 온수군(溫水郡), 조선시대에는 온창(溫昌), 온천(溫泉)이라 불렸다.

2호선

乙	支	路
새 을	지탱할 지	길 로

고구려 장군 을지문덕의 성(姓)인 '을지'를 지명으로
사용했다. 일본식 지명을 청산하기 위해 광복 직후에
을지로라는 명칭으로 개명하여 을지문덕을 기념하고
있다.

■ 을지문덕은 고구려-수 전쟁에서 대승을 이끈 고구려 장군이
다. 뛰어난 전술로 수나라 별동대의 공격을 막아 냈으며, 유인책
으로 회군하게 한 뒤 적군이 살수를 건널 때 공격해 압도적인 승
리를 거두었다. 30만에 달한 병력 중 불과 2,700명만 살아서 도
주했다는 이 전투가 바로 '살수대첩'이다.

新	堂
새 신	집 당

신당은 무속인이 신을 모신 집을 뜻하는 신당(神堂)에
서 유래되었다. 조선시대 때 시신을 내보내는 시구문
이었던 광희문 바깥에는 죽은 자의 명복을 비는 무당
이 모였고 신당이 생겨났다. 당시에는 이곳을 신당(神
堂)이라 했고, 갑오개혁 때 발음은 같지만 '새로운 집'
이라는 뜻인 신당(新堂)으로 바뀌었다.

■ 조선시대에는 도성 안에 무덤을 만들 수 없었고 지정된 성문
을 통해서만 시신이 한양 밖으로 나갈 수 있었다. 이때 지정된 성
문으로 광희문(서소문)과 소의문(남소문)이 있었다. 광희문(光
熙門)은 '시체가 나가는 문'이라는 뜻인 시구문(屍口門)이라고도
불렸다.

往	十	里
갈 왕	열 십	마을 리

'10리를 가라'는 뜻인 왕십리라는 지명은 무학대사가 조선의 도읍지를 찾아다녔던 설화에 기인한다. 무학대사는 태조 이성계의 명을 받아, 조선의 새 도읍지를 찾아다니던 중에 한 노인을 만났다. 노인은 "십 리를 더 가면 도읍이 될 만한 터가 있을 것이오"라고 했고, 무학대사는 노인의 말대로 십 리를 더 가서 도읍으로 삼을 만한 곳을 찾았다. 그 후 무학대사가 노인을 만난 곳이 왕십리(往十里)가 되었다.

■ 무학대사는 조선을 건국한 이성계의 한양 천도를 도왔다. 그는 조선 왕조 유일한 왕사(王師)로, 왕사는 임금의 스승인 승려를 말한다.

뚝섬

'둑기(纛旗)를 꽂은 섬'이란 뜻으로 둑도(纛島), 둑섬, 뚝도 등으로 구전되다가 순우리말인 '뚝섬'으로 불리게 되었다. 섬이라고 불린 이유는 이곳의 삼면이 강으로 둘러싸여 있어 섬처럼 보였기 때문이다. 둑기는 왕이 군대를 살펴보거나 출병할 때 썼던 큰 창에 소의 깃털을 꽂은 깃발을 말한다. 이곳은 둑기를 꽂고 둑제(纛祭)를 지낸 곳이다.

■ 왕이 행차하거나 장수가 출전할 때 반드시 군신(軍神)을 상징하는 둑기를 세우고 전쟁의 승리를 기원하는 제사를 지냈는데, 이를 둑제(纛祭)라고 한다. 매년 봄의 경칩과 가을의 상강일, 그리고 군대가 출정할 때 둑제를 거행했다.

뚝섬 　　　　　　　　　　　　　　　　　　건대입구

聖	水
거룩할 성	물 수

이곳에 있었던 성덕정(聖德停)의 성(聖)과 뚝도 수원지
(水源地)의 수(水)를 따서 '성수'가 되었다. 이 지역이 한
강에 둘러싸인 물가 마을이라 한강 물을 식수로 사용
할 수 있어, 깨끗하고 고마운 물이라는 뜻으로 '성수'
가 되었다는 설도 있다.

■ 조선시대에 임금이 군대의 훈련과 말을 관리하는 것을 지켜보
던 정자가 성덕정이다.

九	宜
아홉 구	마땅할 의

아차산 기슭에서 한강 변에 이르는 긴 지형으로 이어
진 자연 촌락 구정도(九井洞)의 구(九)와 산의동(山宜洞)
의 의(宜)를 따서 구의가 되었다.

蠶	室
누에 잠	집 실

조선시대 때 백성들에게 양잠을 장려하기 위해 뽕나무를 심고 누에를 키우는 방인 '잠실'을 두었던 것에서 지명이 유래되었다. 조선 세종 때 서잠실과 동잠실을 설치했는데, 서잠실은 현재 서대문구 연희동 쪽이고 동잠실이 지금의 송파구 잠실이다.

■ 조선시대에는 남성에게는 농업을, 여성에게는 양잠을 적극적으로 권장했다. 뽕나무를 키워 누에를 쳐서 비단을 만드는 양잠(養蠶)은 조선시대 여성에게 매우 중요한 일이었다. 실을 뽑아서 승정원에 바쳤으며 그 정교함과 수량에 따라 상벌을 내리기도 했다고 전해진다. 현재 창덕궁에 400년이 넘은 뽕나무가 있는데, 이는 궁궐에서 양잠을 얼마나 중요시했는지를 보여 준다.

삼성

三	成
석 삼	이룰 성

삼성은 조선시대 자연 마을인 봉은사, 무동도, 닥점이라는 세 마을을 합해 '삼성리'라고 명명한 데서 유래한다.

■ 강물이 모래를 퇴적하면서 땅을 형성하기 전에는 지금의 삼성동 동쪽으로 한강이 지나갔다. 이곳을 지나가는 한강의 한가운데 작은 섬이 있었는데, 이 섬 남쪽에 어린아이가 춤추는 모습 같은 바위가 있어 '무동도(舞童島)'라 불렸다. 무동도 인근 마을인 닥점은 닥나무를 파는 상점이 있다고 해서 붙여진 이름이다. 봉은사는 신라시대(794년)에 창건된 사찰이다.

선릉

宣	陵
베풀 선	무덤 릉

인근에 조선 9대 임금 성종과 왕비 정현왕후 윤씨의
능인 선릉이 있어서 유래된 역명이다.

驛	三
역 역	석 삼

조선시대 역참이었던 양재에 붙어 있으면서 역참의
기능을 보완한 세 마을 말죽거리, 상방하교(윗방아다
리), 하방하교(아랫방아다리)가 있었다. 이 마을들을
합해 '역삼리'로 불렸던 것에서 유래한다.

■ 말죽거리는 말(馬)과 관련된 유래들이 있다. 그중 말죽을 쑤어
먹인 장소라는 설이 가장 유력한데, 공무로 서울을 오가는 관료
들이 이곳에 머물면서 타고 온 말에게 죽을 먹였다는 이야기다.
또 다른 설로는 1624년 이괄의 난을 피해 남쪽으로 향하던 인조
가 말 위에서 죽을 먹고 허기를 채운 곳이라고 전해지면서 말죽
이라고 불리게 되었다고 한다.

瑞 | 草

상서로울 서 | 풀 초

서초는 '서리풀'에서 나온 말로, 이곳에 '서리풀'이 많다고 해서 '서리풀이', '상초리(箱草里)'라 불렸다고 한다. 이곳에서 나는 쌀을 임금님께 바쳤다는 옛 기록으로 보아 '서초'란 상서로운 풀, 즉 벼를 뜻한다. 다른 설로는 우면산의 여러 골짜기 물이 이리저리 서리어 흐른다고 해서 '물이 서리어 흐르는 벌판'이라는 뜻의 '서릿벌'이 되었다는 이야기다. 이것이 '서리풀'로 바뀌고 '서초'가 되었다고 한다.

방배

方	背
방향 방	등 배

방배라고 불리게 된 데는 여러 설이 있다. 우면산을 등진 마을 혹은 북쪽에서 흐르는 한강을 등진 마을이라서 방배라고 불렸다는 것이다. 또 다른 유래는 조선 태종 때로 거슬러 올라간다. 태종은 첫째 양녕대군을 세자로 삼았지만 양녕대군은 왕위에 관심이 없었다. 결국 태종은 후에 세종이 되는 셋째 충녕대군에게 왕위를 물려주었다. 양녕은 왕위에 전혀 관심이 없다는 것을 알리기 위해 한강의 남쪽에만 머물렀다. 이렇게 양녕대군이 한강을 등진 이곳에 자리를 잡아 '방배'라고 불렸다는 설도 있다.

사당

瑞	堂
집 사	집 당

예전 이곳에 큰 사당(祠堂)이 있어서 붙여진 이름이라
는 설과, 큰 집이 많이 있어서 사당이라고 불리게 되었
다는 설이 있다.

■ 사당(祠堂)은 조상의 신주를 모신 곳이며 제사를 지내는 집이
다. 왕실의 사당은 종묘라고 한다.

落	星	垈
떨어질 락	별 성	집터 대

강감찬 장군이 태어날 때 이곳에 큰 별이 떨어졌다 하여 '낙성대'라 한다. 장군이 태어나던 날 밤, 이곳을 지나가던 한 사신이 하늘에서 별이 떨어져 어느 집으로 들어가는 것을 보았다고 한다. 관원을 시켜 별이 떨어진 집을 찾아가 보게 했다. 마침 그 집에 아들이 태어났다는데, 그 아이가 강감찬이다. 훗날 송의 사신이 그를 보고 절을 올리며 "문곡성(북두칠성의 네 번째 별)이 보이지 않더니 지금 여기에 계시군요"라고 말했다는 설화가 있다.

■ 강감찬 장군은 고려를 침공한 거란군 10만 명을 귀주에서 격파해 고려-거란 전쟁의 마침표를 찍었다. 이 전투가 '귀주대첩'이다.

奉 | 天

받들 봉 | 하늘 천

이곳은 관악산 북쪽 기슭에 위치하는데 관악산이 높고 험하다 보니, 마치 하늘을 받들고 있는 것처럼 보여 봉천이라고 불리게 되었다.

新 | 林

새 신 | 수풀 림

관악산 기슭에 숲이 무성한 곳이라는 의미로 신림이라 불린다.

新	道	林
새 신	길 도	수풀 림

도림동에서 새로 갈라져 나온 마을로 신(新)을 붙여
신도림이 되었다. 도림동은 길(道) 옆에 풀이 숲(林)을
이루었다고 해서 붙여진 이름이라는 설이 있다. 이 외
에도, 산이 마을을 병풍처럼 둘러싸고 있는 모습이 길
에서 돌아앉아 있는 마을 같아 '도야미리(道也味里)'라
고 부르다가 도림이 되었다는 설도 있다.

文 | 來
글월 문 | 올 래

이곳은 목화와 섬유산업과 관련이 깊은 지역이다. 일제강점기에 군소 방직공장이 생기면서 유실동(실이 있는 마을), 사옥정(실을 뽑는 마을)으로 불리다가 광복 직후, 방직기의 순우리말인 '물레'의 발음을 살려 '문래'로 개칭되었다는 설이 있다. 다른 설로는, 이곳은 예전에 안양천과 도림천을 끼고 있어서 모래가 많은 마을이라는 뜻의 '모랫말(사천리)'이라 불렸는데, 여기서 '모래'가 '문래'로 발음되었다는 것이다. 또는 이곳에 학교와 관공서가 생기자 '글이 온다'는 뜻에서 문래(文來)가 되었다는 설도 있다.

● 방직이란 실을 뽑아서 천을 짜는 일을 말한다.

永	登	浦
길 영	오를 등	개 포

이곳에서 영등일(靈登日: 음력 2월 초하루)부터 보름까지 영등(靈登)굿이 진행되었다. 이것에서 한자만 변경된 영등(永登)과 나루터를 의미하는 포(浦)가 합쳐져 영등포가 되었다는 설이 있다.

堂	山
집 당	메 산

늦은 봄, 이곳에 해당화가 많이 피었다고 해서 해당화의 '당(棠)' 자를 써서 당산 마을이라고 불린 데서 유래한다. 이 기록은 조선 후기 영조 때 편찬된 『여지도서』에 있다. 또 다른 설은 다음과 같다. 마을 한가운데 단산(單山)이라는 산에 은행나무 두 그루가 있었다. 이 나무는 마을의 수호신과 같아서 이곳에 신을 모시는 사당인 부군당(府君堂)을 짓고 당제(堂祭)를 지냈던 것에서 유래한다.

■ 옛 사람들은 마을을 지켜 준다고 믿었던 마을신에게 마을의 안녕과 풍요를 기원하는 의례인 당제를 지냈다.

합정

合	井
합할 합	우물 정

이곳에 '조개우물'이라는 우물이 있어 합정(蛤井)이라고 불렸다. 이때 '합(蛤)'은 조개를 의미한다. 조개우물이라 불린 이유는 한강에서 떠내려온 조개껍데기가 우물 바닥에 많았기 때문이다. 이후 한자만 변경되어 합정(合井)이 되었다.

新	村
새 신	마을 촌

태조 이성계가 새 도읍지를 찾던 중 이곳을 답사했다
는 일화가 있다. 이때부터 이곳을 '새 도읍지 터'라는
의미로 '새터'라고 했고, '새터말'이라 부르던 것을 한
자로 신촌이라 표기했다.

아현

阿	峴
언덕 아	고개 현

이곳에 작은 고개가 있었는데, 순우리말로 애우개, 애오개라고 불렀다. '애'는 아이를 의미해서 '애오개'는 '아이고개'를 뜻한다. 이를 한자로 아현(兒: 아이, 峴: 고개)이라 부르다가 '아' 자만 변경해서 아현(阿峴)이 되었다.

忠 | 正 | 路

충성 충 | 바를 정 | 길 로

1905년 을사늑약이 체결되자 죽음으로 저항한 충정공(忠正公) 민영환을 기리기 위한 지명이다. 해방 후 일제식 지명을 우리 고유의 지명으로 바꾸는 과정에서 충정로가 되었다.

■ 민영환은 조선 말기와 대한제국 시기에 고위 관료이자 교육자였다. 1905년 을사늑약이 체결되자, 45세의 나이로 2천만 동포와 각국 공사, 대한제국 황제에게 보내는 유서 3통을 남기고 자결했다. 그의 뜻은 지식인들을 통해 계승되었으며 나라의 독립 의지를 확산하는 데 기여했다.

● 을사늑약은 1905년 11월 17일 일본이 대한제국의 외교권을 박탈하기 위해 강제로 체결한 조약이다.

3호선

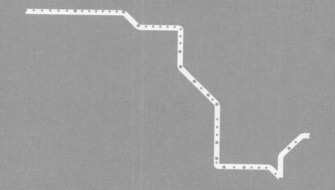

大 | 化
클 대 | 될 화

이곳에 있던 여러 마을이 하나로 합쳐지면서 '크게 변화된 마을'이라는 뜻의 대화로 불리게 되었다.

注 | 葉
물 댈 주 | 잎 엽

마을을 내려다보면 마을 전체 지형이 나무 잎사귀같이 생겼다고 해서 붙여진 이름이다. 또 다른 설로, 비가 오면 마을을 관통하는 샛강에 나무 잎사귀가 떠내려갔다고 해서 주엽이라 불렀다고 한다.

정발산

鼎	鉢	山
솥 정	사발 발	메 산

산 모양이 솥이나 사발처럼 넓적하게 생겼다고 해서
정발산이라고 불렸다.

마두

馬	頭
말 마	머리 두

정발산은 전체적으로 말의 형태를 하고 있는데, 마두
동 일대가 말의 머리에 해당해서 마두라고 이름 붙여
졌다. 말이 머리를 내밀어 한강의 물을 마시고 있는 모
양이라고 한다.

白　石
흰 백　　돌 석

마을 동쪽 끝에 커다란 흰색 돌이 있어 오래전부터 그
일대를 '백석'이라고 불렀다. 조선 영조(1755년) 때 발
간된 『고양군지』에 '이곳 백석동에 모두 114호(집)가
있다'는 기록으로 볼 때, 그 당시에도 이곳의 명칭이
백석이었던 것을 알 수 있다. 흰 돌, 백석은 인근에서
쉽게 볼 수 없을 만큼 깨끗하고 유난히 흰 돌이었다.
마을 주민들은 이 돌을 신성하게 여기고 마을의 자랑
으로 삼았다고 한다.

花 | 井

꽃 화 | 우물 정

화정은 우리말로 '꽃우물'이란 뜻이다. 이는 화수촌(花水村)의 '화' 자와 찬 우물로 불렸던 냉정(冷井)마을의 '정' 자를 딴 이름이다. 꽃물마을(화수촌)에는 꽃이 많이 피고 맑은 개울도 많아, 활짝 핀 꽃잎이 떨어지면 이 개울을 따라 떠내려간다고 해서 붙여진 이름이다. 냉정마을은 마르지 않고 유난히 차가운 우물이 있어서 유래된 지명이다.

원당

元	堂
으뜸 원	집 당

으뜸이 되는 집이라는 뜻으로, 서삼릉의 정자각이 우람하고 커서 붙여진 이름이다.

■ 서삼릉은 한양 서쪽에 3기의 능이 있다고 해서 붙여진 명칭이다. 삼릉은 중종의 계비 장경왕후의 무덤 희릉, 인종과 인종의 비 인성왕후의 무덤 효릉, 철종과 철종의 비 철인왕후의 무덤 예릉이다. 이 외에도 서삼릉에는 왕자, 공주, 후궁 등의 묘 46기와 태실 54기가 있다. 태실은 왕실에서 자손이 태어나면 그 아기의 탯줄을 보관하던 곳이다.

三	松
석 삼	소나무 송

옛날에는 왕릉으로 가는 길목에 큰 소나무를 심었다.
이 마을은 서삼릉으로 가는 입구였기 때문에 커다란
소나무 세 그루가 있어 유래된 지명이다.

紙	杻
종이 지	싸리 축

종이의 재료인 닥나무가 많은 마을 지정리(紙亭里)의
'지' 자와 싸리나무가 많아 싸리나무골이라고 불렸던
축리(杻里)의 '축' 자를 따서 만들어진 이름이다.

구파발

舊	把	撥
오래될 구	잡을 파	다스릴 발

구파발은 서울 돈화문에서 벽제와 파주로 이어지는 파발막이 있던 곳이다. 구파발은 한자 뜻 그대로 옛날에 파발이 지나던 곳이라는 의미다.

■ 이 지역은 조선시대에 평양이나 의주 방향으로 가는 교통과 통신의 중심이었다. 이때 가장 일반적인 통신 제도는 봉수제였다. 봉수제(烽燧: 횃불 봉, 연기 수)는 전국의 산 정상에 봉수대를 만들어놓고 낮에는 연기로, 밤에는 횃불로 나라의 위급한 사태를 중앙에 알리는 제도였다. 그러나 봉수제는 문서를 전달할 수 없었고, 날씨로 인한 변수 등으로 정확한 정보 전달이 어려웠다. 그래서 선조 30년(1597년)에 봉수제의 대안으로 파발이 창설되었다. 파발은 사람이 직접 달리거나(보발: 步撥) 말을 타고(기발: 騎撥) 소식을 전달하는 통신 수단이다. 파발은 일정 거리마다 설치되었으며 여기서 사람이나 말을 교대하여 목적지에 소식을 전달했다.

延	新	내
인도할 연	새 신	

연신내는 연천(延川) 또는 연서천(延曙川)에서 유래되
었다. 이 이름들은 고려시대부터 이곳에 있었던 연서
역이라는 역참에서 유래하였다. 또 다른 설로는 조선
인조반정 때, 인조가 신하를 늦게 만난 개천이라 연신
내(延: 인도하다, 臣: 신하)라고 불렸다는 것이다.

■ 역참은 전국 주요 도로에 일정 간격으로 설치되었던 시설이
다. 소식을 전달하는 통신 역할뿐 아니라, 국가 업무로 이동하는
사신이나 관료에게 숙식을 제공하고 말을 관리해 주는 기능을 담
당했던 곳이다. 19세기 말 우편 등 근대적 통신 제도가 생겨나면
서 역참이 폐지되었다.

불광

佛	光
부처 불	빛 광

불광은 인근 사찰인 '불광사'에서 나온 말로, '부처의 서광'이란 의미다. 또한 이곳에 바위와 절이 많아 부처의 서광이 서려 있다고 해서 '불광'이라 불리게 되었다는 설도 있다.

● 서광이란 불교의 이상향인 서방정토에서 비치는 빛을 말한다.

녹번

碌	磻
기록할 녹	강 이름 반

녹번은 녹번현(碌磻峴: 녹번이 고개)에서 유래된 지명이다. 조선시대 청렴한 관리들이 설이나 추석 같은 명절이 되면, 가난한 백성들을 위해 나라에서 받은 녹의 일부를 이 고개에 놓고 갔다고 한다. 관리들이 녹을 버리고 가 이 고개의 이름을 '녹을 버린 고개', 즉 '녹번이 고개'라고 부른 것이다. 또 다른 설로는 이 지역에 녹색을 띠는 광물질인 산골(山骨)이 많이 나와서 '녹번'이라 불렸다고 한다.

홍제

弘	濟
넓을 홍	건널 제

조선시대 홍제원에서 유래한 지명이다. 홍제원은 가장 중요한 원 중 하나로, 누각이 설치되어 있었고 한양으로 가던 중국 사신이 유숙했던 곳이다. 현재는 홍제원의 터만 남아 있다고 한다.

■ 역참, 원, 봉수, 파발의 차이점: 역참은 교통과 통신의 기능을 모두 담당한 국가 시설로, 공적 업무를 받고 이동하는 사신이나 관료를 위한 곳이었다. 이에 반해, 원은 여행객들에게 숙식을 제공했던 곳으로 국가의 지원을 받기는 했으나 민간에 의해 운영되었던 시설이다. 봉수와 파발은 국가가 위급 상황일 때 신속하게 소식을 전달하기 위한 통신 제도에 해당한다.

무악재

毋	岳	岾
말 무	큰 산 악	고개 재

이곳은 숲이 울창하고 험해서 호랑이가 자주 출몰하는 고개였다. 그래서 이 고개를 넘으려면 여럿이 무리를 지어 갔기 때문에 '모아서 넘는 고개', 즉 '모아재'라 했던 것에서 유래한 지명이다. 또 다른 설은 무학대사의 한양 천도와 관련이 있다. 태조 이성계가 무학대사와 함께 이곳을 답사해 '무학재'라고 불렀다는 것이다. 마지막으로, 인수봉의 모양이 아이를 업고 밖으로 나가려는 모습 같아 이를 막기 위해 이 고개를 '아이를 달래는 어머니 산'이라는 뜻의 모악(毋岳)이라고 불렀다. 바로 이 이름에서 유래되었다는 설이다.

獨	立	門
홀로 독	설 립	문 문

갑오개혁 이후 자주독립의 의지를 다지기 위해 설립
되었다. 중국 사신을 영접하던 사대 외교의 상징인 영
은문을 부수고 만든 기념물이다. 1896년 7월 서재필
의 발의로 시작해 왕실과 관료 및 일반인의 기부금이
모여 1897년 11월 20일에 완공되었다.

경복궁

景	福	宮
밝을 경	복 복	집 궁

경복은 왕과 그 자손 및 모든 백성이 태평성대의 큰 복을 누리기를 염원한다는 뜻이다.

■ 태조 이성계가 도읍을 정한 후 1395년에 창건한 조선 왕조 제일의 법궁이다. 임진왜란으로 소실되었다가 고종 때 중건되었다. 중건된 경복궁은 500여 동의 건물들로 웅장한 모습이었다. 그러나 일제강점기에 대부분의 건물을 헐어내고 조선총독부 청사를 지어 궁궐의 자취를 없애버렸다. 이후 광화문 복원을 시작으로 1980년대 말부터 복원 사업이 추진되었다. 1995년 총독부 건물을 철거하였고 2010년 광화문 목조를 복원했다. 2023년에는 광화문 월대를 복원하는 등 궁궐의 모습을 되찾는 중이다. 2045년까지 주요 전각들을 복원시킬 예정이다.

● 법궁이란 임금이 사는 궁궐을 말한다.

安	國
편안할 안	나라 국

조선시대 초기부터 있었던 한성부 북부 안국방에서 유래한다. 이곳은 경복궁과 창덕궁 중간에 위치해 나라의 안녕을 염원하는 마음을 담은 지명이라고도 볼 수 있다.

鐘	路
종 종	길 로

조선 초기부터 이 지역에 인정과 파루를 알리는 종이 달린 종루(鐘樓)가 있었다. 그곳에서 4대문으로 통하는 길을 종길, 또는 종로라고 부른 것에서 유래한다.

■ 조선시대에는 종을 쳐서 통행금지를 알렸다. 인정(人定)은 밤 10시에 종을 쳐서 통행금지를 알리는 것이고, 파루(罷漏)는 새벽 4시에 종을 쳐서 통행금지를 해제하는 것이다. 종로는 왕의 행차를 위해 일직선으로 반듯하게 만들어졌으며, 조선시대 제일의 번화가로 서울의 중심 도로였다.

乙	支	路
새 을	지탱할 지	길 로

고구려 장군 을지문덕의 성(姓)인 '을지'를 지명으로
사용했다. 일본식 지명을 청산하기 위해 광복 직후에
을지로라는 명칭으로 개명하여 을지문덕을 기념하고
있다.

■ 을지문덕은 고구려–수 전쟁에서 대승을 이끈 고구려 장군이
다. 뛰어난 전술로 수나라 별동대의 공격을 막아 냈으며, 유인책
으로 회군하게 한 뒤 적군이 살수를 건널 때 공격해 압도적인 승
리를 거두었다. 30만에 달한 병력 중 불과 2,700명만 살아서 도
주했다는 이 전투가 바로 '살수대첩'이다.

忠	武	路
충성 충	굳셀 무	길 로

충무로는 이순신 장군의 시호를 따서 붙여진 이름이다.

■ 충무(忠武)는 조선시대 무관에게 내리는 최고의 시호인데, 이시호를 받은 가장 대표적인 인물이 이순신 장군이다. 이곳은 일제 강점기 때 일본식 지명으로 불리다가 광복 이후 한국식 지명으로 바꿀 때, 인근에서 태어난 인물 중 이순신 장군의 시호를 따서 개정되었다. 충무공 이순신 장군의 생가가 어디인지는 정확하게 밝혀지지 않았지만 많은 역사학자의 고증에 의해 현재 중구 인현동 1가 31-2번지 신도 빌딩을 생가터로 추정한다. 이곳에 2017년 4월 28일 < 충무공 이순신 생가터 > 라는 표지판을 부착했다.

약수

藥	水
약 약	물 수

인근에 약수터가 있어서 유래된 이름이다.

금호

金	湖
쇠 금	호수 호

조선시대에 대장간이 많아서 무수막, 무쇠막, 무시막
이라 불렸다가, '무쇠 마을'을 한자로 옮겨 수철리(水鐵
里)가 되었다. 같은 뜻을 지닌 다른 한자 중 철(鐵)은 금
(金)으로, 수(水)는 호(湖)로 바뀌어 '금호'가 되었다.

옥수

玉	水
옥 옥	물 수

이곳에 '옥정수'라는 우물이 있어 그 일대를 옥정숫골
이라고 부른 것에서 유래했다. 이 우물은 위장에 좋고,
그 맛 또한 뛰어나 임금님께 바쳤다는 일화도 있다.

압구정

狎	鷗	亭
익숙할 압	갈매기 구	정자 정

조선 세조 때부터 성종 때까지 고위직을 지낸, 한명회의 정자인 '압구정'에서 유래되었다. '압구(狎鷗)'는 한명회의 호이기도 하다. 갈매기를 벗 삼아 지낸다는 의미로 속세의 욕심을 내려놓은 한적한 삶을 의미하지만, 정권의 실세로 권력을 휘두르며 부귀영화를 누렸던 권신 한명회의 실제 삶과는 거리가 있다.

新	沙
새 신	모래 사

새말(新村)과 사평리(沙平里)라는 두 마을의 첫 글자를
따서 지은 이름이다.

蠶	院
누에 잠	집 원

뽕나무 숲으로 울창했던 곳이며 조선시대 누에치기를
장려한 잠실이 있었던 곳이다. 1963년 송파구 잠실과
구분하기 위해 이곳은 잠원이라고 부르게 되었다.

양재

良	才
어질 양	재주 재

어질고 재주 있는 사람들이 많이 사는 곳이라 양재라 불렀다고 한다. 양재라는 지명은 고려시대 과주에 위치한 역참이었던 양재역에서 기원을 찾을 수 있다. 그만큼 오랜 역사가 있는 양재역은 조선시대 한강 이남의 대표 역참이었다. 한양 도성과 남부 지역을 통과하는 곳으로 유동 인구가 많았다.

● 역참은 교통과 통신의 기능을 모두 담당한 국가 시설로, 공적 업무를 받고 이동하는 사신이나 관료를 위한 곳이었다.

도곡

道 | 谷
길 도 | 골 곡

이곳은 매봉산으로 둘러져 있다. 산 아래에 돌이 많이 박혀 있어 '독부리'라고 불리다가 '독구리', 또는 '독골'이라 불렸는데, 이게 '도곡'이 되었다고 한다. 다른 설은 이 마을 주변에 깨진 그릇이 많은 것으로 유추해 볼 때, 과거 이곳에 그릇을 굽는 큰 가마인 도요가 있어 '독골'로 불린 것이 '도곡'이 되었다는 것이다. 조선 시대에 이 마을은 한양을 왕래하는 사람이 쉬어가는 곳이었다.

大	峙
클 대	우뚝 솟을 치

조선시대에 이곳에 있던 7~8개의 자연 부락 중에 큰 고개 아래 있는 가장 큰 마을(한티)을 한자어로 '대치' 라고 불렀다.

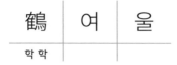

鶴	여	울
학 학		

여울이 있는 곳에 학이 날아들었다고 해서 학여울이
라 불리게 되었다. 이곳은 탄천과 양재천이 만나는 한
강 갈대밭 부근으로 조선시대 〈대동여지도〉에는 학탄
(鶴: 학 학, 灘: 여울 탄)이라고 표기되어 있다.

● 여울이란 강이나 바다에서 깊이가 얕거나 폭이 좁아 물살이 빠르게 흐르는
곳을 일컫는 순우리말이다.

대청

大	淸
클 대	맑을 청

조선시대에 이 지역에 99칸 한옥이 있어 이곳을 보면 한옥의 대청마루가 훤히 보인다고 해서 대청마을이라고 불렀던 것에서 유래한다.

● 대청은 한옥에서 몸채의 방과 방 사이에 있는 큰 마루를 일컫는다. 흔히 대청마루로 불린다.

逸	院
달아날 일	집 원

과거 이곳에 '일원'이라는 서원이 있었다.

■ 서원은 조선시대에 전국 곳곳에 설립된 사설 교육기관이다.

水	西
물 수	서녘 서

한강의 지류인 탄천의 서쪽에 위치한다고 해서 '수서'
라 불리게 되었다.

● 지류란 강의 원줄기로 흘러들거나 원줄기에서 갈려 나온 물줄기다.

可	樂
가히 가	풍류 락

'가락골'이라는 마을 이름에서 유래했다는 설과, 1925
년 대홍수로 침수된 지역에 사는 주민들이 이 지역으
로 이주하면서 '가히 살기 좋은 땅'이라고 부른 데서
유래했다는 설이 있다.

오금

梧	琴
오동나무 오	거문고 금

예로부터 이곳에 오동나무가 많아 가야금을 만드는 장인이 많았다는 데서 유래했다. 오동나무는 가야금의 재료로 쓰인다. 병자호란과 관련된 설도 있다. 인조가 남한산성으로 피난을 가던 중, 오금이 아프다는 이유로 이 부근에서 쉬어 갔다고 한다. 여기서 오금이라는 지명이 생겨났다는 이야기도 있다.

● 오금은 무릎의 구부러지는 오목한 안쪽 부분을 말한다.

4호선

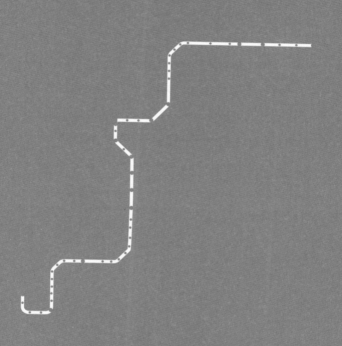

당고개

堂	고	개
집 당		

예전 이 지역을 당현(堂: 집 당, 峴: 고개 현)이라고 불렀다. 당현은 당고개를 의미하며 당집이나 성황당이 있었던 곳을 일컫는다. 이곳은 울창한 숲으로 산짐승이 많았다고 한다. 그래서 이곳을 지나는 나그네들은 짐승으로부터 자신을 보호하기 위해 돌을 들고 이 고개를 넘었다. 그 돌을 쌓아둔 돌무더기가 성황당으로 변해서 당고개로 부르게 되었다.

● 성황당은 토지와 마을을 지켜주는 신을 모신 집이다.
●● 2024년 9월 23일 당고개역의 이름을 개정하는 안이 통과되어 '불암산역'으로 변경될 예정이다.

노원

蘆	原
갈대 노	벌판 원

예전 이곳은 넓은 평야에 갈대밭이 많아서 노원(갈대 벌판)이라고 부르게 되었다. 또 다른 설로는 조선시대 한양으로 가던 사신들이 머물렀던 숙박 시설인 '원'이 있던 곳이라 유래한 이름이라는 것이다. 그러나 조선시대 노원역은 현재의 노원구에서 멀리 떨어진 곳에 있었다고 한다.

■ 원은 여행객들에게 숙식을 제공했던 곳으로 국가의 지원을 받기는 했으나 민간에 의해 운영되었던 시설이다. 이와 달리, 역은 국가의 관리하에 공적 업무로 이동하는 사신이나 관료에게 숙식을 제공하고 말을 빌려주는 일을 담당했으며, 국가의 긴급한 소식을 전달하는 역할도 맡았다. 원과 역은 이런 차이가 있지만 여행객에게 숙식을 제공한 공통점이 있다.

上	溪
위 상	시내 계

중량천으로 이어지는 한천의 위쪽에 위치한 계곡이라
'상계'라고 불리게 되었다.

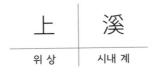

倉	洞
창고 창	골 동

조선 후기에 곡식 창고가 있어 '창골'이라고 불렸던 것
에서 유래되었다.

쌍문

雙	門
쌍 쌍	문 문

쌍갈랫길에 이문(里門)이라는 방범 초소가 있어 '쌍갈무늬'라고 부른 것이 '쌍문'이 되었다는 유래가 있다. 또 다른 설로는 효자문과 열녀문에 관한 것인데, 효성이 지극한 효자를 기리기 위해 효자문을 두 개 세웠다는 이야기와 열녀문이 두 개 있었다는 이야기가 전해진다.

■ 이문(里門)은 마을을 보호하기 위해 마을 입구에 세운 것이다. 세조 11년에 한성에 설치하면서 전국적으로 확대되었다. 이문은 주로 야간 통행자를 검문하는 곳이었지만, 외부 잡귀를 막는다는 주술적 의미로 설치한 장승, 입석, 솟대 등 인공물도 포함된다.

수유

水	踰
물 수	넘을 유

과거 북한산 골짜기에서 내려오는 물이 이 마을로 넘
쳤었다. 물의 양이 많아 넘친다는 뜻의 우리말로 '무너
미'라고 부른 것에서 유래한다. 이를 한자로 써서 '수
유'가 되었다. 이곳은 물이 많아 빨래터와 쉼터로 이용
되었다고 한다.

彌	阿
두루 미	언덕 아

통일신라시대에 창건한 '미아사'에서 유래된 것으로
미륵불의 '미' 자와 아미타불의 '아' 자를 따온 이름이
다. 되너미고개(돈암현)를 미아리고개로 부르던 것에
서 유래되었다는 설도 있다. 되너미고개란 병자호란
때 '되놈(청나라놈)이 이 고개를 넘어 쳐들어왔다' 해
서 유래된 이름이다.

길음

吉	音
좋을 길	소리 음

인근에 정릉천이 있는데 계곡의 물소리가 맑고 고아서 이 소리를 들으면 누구든 기분이 좋아졌다고 해서 길음이라 부르게 되었다. 다른 설로는 이곳에 골짜기가 길게 놓여 있어 '기리묵골', '기레미골'로 불렸는데, 이를 한자화해서 길음이 되었다는 것이다.

惠	化
은혜 혜	될 화

한성 성곽 8문 중 하나인 혜화문의 이름에서 유래됐다.

■ 1396년 태조 5년에 도성과 함께 세워졌고, 처음에는 홍화문이라 부르다가 도성의 동쪽에 위치한다고 해서 동소문이라 불리기도 했다. 성종 14년(1483년)에 창경궁 동문을 홍화문이라 명명하면서 중종 6년(1511년)에 혜화문으로 명칭을 변경하였다.

東	大	門
동녘 동	클 대	문 문

동대문은 우리나라 보물 제1호이며, 흥인지문(興仁之門)의 속칭이다. 서울 도성 4대문 중 하나로 동쪽의 대문이다.

■ 태조 7년인 1398년에 지어졌고, 현재의 형태는 1869년(고종 6년)에 다시 지은 것이다. 태조 이성계는 한양 도성의 동서남북에 문을 만들고 유교의 덕목 '인의예지(仁義禮智)'를 문 이름에 담았다. 그중 흥인지문(興仁之門)의 덕목은 '인(仁)'이다. 흥인지문은 사대문 중 유일하게 이름이 네 글자다. 처음엔 그냥 '흥인문'이었지만, 한양 동쪽이 토대가 낮고 물이 흘러 나가 땅의 기운이 약하다고 판단해 이를 북돋운다는 의미에서 산맥을 뜻하는 '지(之)' 자가 첨가되었다. 흥인지문이라는 현판의 글씨는 퇴계 이황이 쓴 것이다.

충무로

忠	武	路
충성 충	굳셀 무	길 로

충무로는 이순신 장군의 시호를 따서 붙여진 이름이다.

■ 충무(忠武)는 조선시대 무관에게 내리는 최고의 시호인데, 이 시호를 받은 가장 대표적인 인물이 이순신 장군이다. 이곳은 일제강점기 때 일본식 지명으로 불리다가 광복 이후 한국식 지명으로 바꿀 때, 인근에서 태어난 인물 중 이순신 장군의 시호를 따서 개정되었다. 충무공 이순신 장군의 생가가 어디인지는 정확하게 밝혀지지 않았지만 많은 역사학자들의 고증에 의해 현재 중구 인현동 1가 31-2번지 신도 빌딩을 생가터로 추정한다. 이곳에 2017년 4월 28일〈충무공 이순신 생가터〉라는 표지판을 부착했다.

명동

明 | 洞
밝을 명 | 골 동

조선 한성 5부 49방 중 명례방(明禮坊)에 속했으며 명례방골, 종현이라 불리다가 일제강점기에 명치정으로 불렸다. 1946년 밝은 마을이란 뜻의 '명동'이라 불리게 되었다.

■ 태조는 수도 한성부를 효율적으로 관리하기 위해 지리적 방향에 따라 동부, 서부, 남부, 북부, 중부의 5개 부로 나누고 그 아래 방을 두었다. 하부 조직인 방의 수는 시대에 따라 축소 또는 확대되었다.

會 ｜ 賢

모일 회 ｜ 어질 현

이 일대에 '현명하고 어진 사람들이 많이 모여 살았다'
고 해서 유래된 이름이다. 이곳은 조선시대 영의정을
지낸 정광필을 비롯하여 정승을 여럿 배출한 곳으로
선비골이라 불리기도 했다.

이촌

二	村
두 이	마을 촌

조선시대 이곳은 한강 변에 위치한 모래벌판이라 비가 많이 오면 강물이 넘쳐서 대피해야 했다. 그래서 마을을 옮겨야 한다는 의미로 이촌동(移: 옮길 이)이라 불리다가, 1917년에 동음의 한자로 변경해서 이촌동(二: 두 이)이 되었다.

銅	雀
구리 동	검붉은 빛깔 작

조선시대 때, 용산에서 수원으로 통하던 '동재기나루터'의 한자명 동작진에서 유래했다. 동재기는 강변 일대에 구리색을 띤 돌들이 많이 있던 곳이라 붙여진 이름이다.

舍 | 堂
집 사 | 집 당

예전 이곳에 큰 사당(祠堂)이 있어서 붙여진 이름이라
는 설과, 큰 집이 많이 있어서 사당이라고 불리게 되었
다는 설이 있다.

■ 사당(祠堂)은 조상의 신주를 모신 곳이며 제사를 지내는 집이
다. 왕실의 사당은 종묘라고 한다.

남태령

南	泰	嶺
남녘 남	클 태	산봉우리 령

한양에서 경기도로 나가는 관문 곳곳에 고개가 있었는데 흔히 '여우고개'라 불렸다. 조선시대 정조는 수원에 있는 아버지 사도세자의 능을 자주 참배했는데, 이곳을 지나가면서 이 고개 이름을 물었다고 한다. 이때 신하는 임금님께 여우고개라고 답하기가 상스럽다고 염려했다. 그래서 서울에서 남쪽으로 맨 처음 있는 큰 고개라 남태령이라고 답했다는 이야기가 전해진다.

양재천에 큰 바위가 서 있다고 해서 '선암'이라고 불렸
는데, 이를 순우리말로 선바위라 부른 데서 유래한다.

果　｜　川

열매 과　｜　내 천

고려 때 과주(果州)로 불리다가 조선 태종 13년에 과천
현이 되었다.

仁	德	院
어질 인	덕 덕	집 원

이곳은 조선시대 내시들이 노후를 보내던 마을이었다. 이들은 마을 사람들에게 덕을 베풀어 사람들이 이곳을 '인덕(仁德)'이라 불렀다. 이후 여행자들이 머물고 갔던 '원'이 생기면서 인덕원이라는 이름이 붙었다. 조선 후기에 이곳의 '원'은 없어졌지만 인덕원은 여전히 교통의 요충지였다고 한다.

평촌

坪	村
평평할 평	마을 촌

넓은 벌판에 형성되어 '평평한 마을'이라는 순우리말
로 '벌마을' 또는 '벌말'로 부른 것에서 유래한다.

범계

범	溪
	시내 계

옛날 이곳 냇가에 호랑이가 많이 살아 범이 많은 냇가
라는 뜻의 범계라고 부른 데서 유래한다.

衿　｜　井

옷깃 금　｜　우물 정

이 마을은 어느 곳을 파도 물이 잘 나와 물 긷는 여인
들의 옷깃을 적셔 금정리(衿井里)라고 불렀다.

大	夜	味
클 대	밤 야	맛 미

산간 지역은 대부분 논밭이 협소한데 이곳에 1정보(町步) 크기의 논이 있어 큰배미, 한배미라고 불린 데서 유래했다.

● 1정보(町步): 일제강점기 때 사용한 토지의 넓이 단위로 3000평을 의미한다.
●● 배미: 논배미의 준말로 논을 세는 단위이다. 예) 한 배미, 석 배미 등

常	綠	樹
항상 상	초록빛 록	나무 수

최용신이 1930년대 항일과 농촌계몽 운동을 벌인 곳이다. 그는 심훈의 소설 『상록수』의 주인공인 채영신의 실제 모델이다. 소설 제목을 역 이름으로 정했다.

古	棧
옛 고	잔도 잔

곶(串) 안쪽에 있는 마을이라 '곶 안'을 '고잔'이라고 발음하다가 '고잔리'가 되었다.

● 곶(串): 하천이나 바다로 뾰족하게 뻗은 지형을 말한다.

오이도

烏	耳	島
까마귀 오	귀 이	섬 도

'오이도'의 한자 뜻으로 유추해 보면 '까마귀 귀 모양을 한 섬'이어서 붙여진 지명일 것 같지만 이와 달리, '오질이도(吾叱耳島)'에서 유래한 것으로 본다. 오질이도는 『세종실록』(1448년)에 기록되어 있다. 이후 오질이도를 한자로 표기하는 과정에서 '오이도'가 되었고 이 기록은 조선 영조(1760년) 때 간행한 『여지도서』에서 찾을 수 있다. 이 외에도 외이도, 옥귀도 등으로 기록된 문헌들이 있다.

■ 옥귀도에 대해 전해오는 설화는 다음과 같다. 임금님이 중국으로 가는 길에 조난당해 이곳에 머물렀을 때, 섬사람이 목마른 임금님께 옥그릇에 물을 담아 드렸다고 해서 옥귀도(玉貴島)가 되었다는 이야기가 있다.

원래 이곳은 섬이었는데, 1920년대에 일제가 소금을 수탈하기 위해 염전을 만들면서 제방을 쌓아 육지와 연결되었다. 이후 1980년대에 시화국가산업단지 개발 사업으로 지금과 같이 육지가 되었다.

5호선

방화

傍	花
곁 방	꽃 화

개화산(開花山) 옆에 있는 마을로 '꽃 곁에 있다'고 해서 방화라 부르게 되었다.

開	花	山
꽃이 필 개	꽃 화	메 산

산의 모양이 마치 꽃 피는 모습 같다고 하여 붙여진 이름이다. 개화산이라는 이름이 생기기 전에는 주룡산(駐龍山)이라고 불렸다. 이 이름에 얽인 이야기가 있는데, 신라시대 주룡(駐龍)이라는 도인이 도를 닦기 위해 이 산에 머물러 사람들이 주룡산이라는 이름을 붙였다. 어느 날 주룡 선생이 세상을 떠나자 그 자리에 기이한 연꽃 한 송이가 피어났고, 그때부터 주룡산은 개화산(開花山)이 되었다.

松	亭
소나무 송	정자 정

과거, 이 일대에 소나무가 울창하게 자라나 생긴 지명이다.

麻	谷
삼 마	골 곡

옛날에 이 지역에서 삼(麻) 농사가 이루어져 마곡이라 부르게 되었다.

鉢	山
바리때 발	메 산

인근에 있는 수명산의 다른 이름이다. 수명산이 마치
놋쇠로 만든 밥그릇인 밥주발을 엎어놓은 모습 같다
고 해서 발산(鉢山)이라고 부른 데서 유래했다.

雨	裝	山
비 우	꾸밀 장	메 산

가뭄이 들면 이 산에서 세 번에 걸쳐 기우제를 올렸는데, 세 번째 기우제를 올리는 날에는 비가 쏟아졌기 때문에 미리 비옷, 즉 우장(雨裝)을 준비해 올라갔다.

禾	谷
벼 화	골 곡

이 일대가 땅이 기름져 예로부터 벼가 잘 자라 붙여진 지명이다.

까 | 치 | 山
| | | 메 산

인근에 까치가 많이 서식했는데, 화곡동 일대가 개발되면서 터를 잃은 까치들이 이 산에 모여들어 까치산이라는 이름이 붙여졌다.

木 | 洞
나무 목 | 골 동

이 일대가 말을 방목해 키우던 목장이 많아서 목동(牧洞: 칠 목, 골 동)이라 불렸다. 시간이 지나면서 한자만 변경되어 목동(木洞)으로 바뀌었다. 나무가 많은 지역이라 목동(木洞)이라 불렸다는 설도 있다.

오목교

梧	木	橋
오동나무 오	나무 목	다리 교

옛날에는 안양천 하류를 '오목내'라고 불러 이곳 다리를 '오목내다리'라고 부른 데서 유래한다. 오목내는 여러 물길이 만나면서 하천 바닥이 움푹해졌기 때문에 '오목하게 만들어진 천'이라는 뜻을 지닌다.

또 다른 설도 있다. 과거 이곳에 다리를 놓는 족족 물살에 떠내려가는 일이 생겼다. 그러던 어느 날 한 스님이 오동나무를 천(川)에 띄우고 그것이 멈추는 곳에 다리를 놓으면 다리가 떠내려가지 않을 것이라고 조언했다. 그 말을 들은 사람들이 오동나무를 안양천에 띄우자 신기하게도 멈추는 지점이 있었다. 그곳에 다리를 놓아 '오동나무다리'라고 불렀고 한자로 옮겨 오목교(梧木橋)라고도 불렀다고 한다.

楊	坪
버들 양	들 평

조선시대 한강을 건너는 중요한 통로였던 양화진 근처 벌판의 마을이란 뜻이다. 양화진은 지금의 합정동 위치에 있었던 나루터로, 서울에서 강화로 가는 교통의 요지였다.

永	登	浦
길 영	오를 등	개 포

이곳에서 영등일(靈登日: 음력 2월 초하루)부터 보름까지 영등(靈登)굿이 진행되었다. 이것에서 한자만 변경된 영등(永登)과 나루터를 의미하는 포(浦)가 합쳐졌다는 설이 있다.

新	吉
새 신	길할 길

정확한 유래는 알 수 없으나, '신길'은 새로운 좋은 일이 이 마을에 많이 생기기를 기원하는 뜻에서 붙여진이름이라 추정한다.

汝 | 矣 | 島
너 여 | 어조사 의 | 섬 도

본래 여의도에는 양말산이라는 낮은 산이 있었다. 홍수가 나면 한강이 범람해 산 중턱까지 물에 잠기는 일이 잦았는데, 잠긴 양말산의 정상이 머리를 살짝 내민 듯한 모습을 보며 사람들이 '나의 섬', '너의 섬'이라고 불렀다. 이것을 한자로 표기하여 여의도(汝矣島: 너 여, 어조사 의, 섬 도)가 되었다는 설이 있다. 지금은 양말산이 있던 자리에 국회의사당이 있다. 또 다른 설로는, 여의도의 우리말 지명은 드넓은 섬이라는 뜻의 '너벌섬'이었다고 한다. 이 이름을 한자로 표기하여 여의도라고 적었다.

마포

麻	浦
삼 마	개 포

우리말로 '삼개'라고 불리던 포구의 이름을 한자로 삼
마(麻) 자와 개 포(浦) 자로 표기한 데서 '마포'라는 지
명이 유래되었다.

공덕

孔	德
구멍 공	클 덕

우리말로 고원의 평평한 곳을 '더기', '덕'이라고 했는데, 이 일대가 언덕진 곳이라 '큰더기', '큰덕' 등으로 불렸다. 이 지명이 음이 비슷한 공덕(孔德)리로 불리게 됐다는 설이 있다.

이곳에 작은 고개가 있었는데, 순우리말로 애우개, 애오개라고 불렀다. '애'는 아이를 뜻해 '애오개'는 '아이고개'를 의미한다.

忠	正	路
충성 충	바를 정	길 로

1905년 을사늑약이 체결되자 죽음으로 저항한 충정공(忠正公) 민영환을 기리기 위한 지명이다. 해방 후 일제식 지명을 우리 고유의 지명으로 바꾸는 과정에서 충정로가 되었다.

■ 민영환은 조선 말기와 대한제국 시기에 고위 관료이자 교육자였다. 1905년 을사늑약이 체결되자, 45세의 나이로 2천만 동포와 각국 공사, 대한제국 황제에게 보내는 유서 3통을 남기고 자결했다. 그의 뜻은 지식인들을 통해 계승되었으며 나라의 독립 의지를 확산하는 데 기여했다.

● 을사늑약은 1905년 11월 17일 일본이 대한제국의 외교권을 박탈하기 위해 강제로 체결한 조약이다.

西	大	門
서녘 서	클 대	문 문

서울 도성 4대문 중 서쪽의 대문으로, 정식 명칭은 돈의문(敦義門)이다.

■ 서대문이 처음 세워진 것은 1396년 태조 5년이다. 1413년 태종 13년에는 폐쇄되어 사용하지 않다가 1422년 세종 4년에 돈의문이라는 이름을 붙이며 다시 사용했다. 그 뒤 임진왜란과 병자호란을 거치며 어떤 변화가 있었는지 분명하게 알 수 없으나, 1711년 숙종 37년에 고쳐 지으라는 왕명이 있었다는 기록이 남아 있다. 일제강점기인 1915년 도로 확장을 이유로 철거되어 지금은 흔적조차 남지 않았다.

光　化　門
빛 광　될 화　문 문

광화문은 조선 태조 때 경복궁과 함께 지어진 경복궁의 정문이다. 당시 이름은 사정문(四正門)이었으나 세종 때 집현전 학자들이 '왕의 큰 덕(德)이 온 나라를 비춘다'는 의미에서 '광화문'이라는 이름을 붙였다.

■ 임진왜란(1592년~1598년) 당시 불에 타 소실되었다가 1856년 고종 2년에 경복궁과 함께 복원되었다. 하지만 일제강점기에 경복궁 내에 조선총독부가 세워지면서 광화문은 경복궁의 동쪽으로 옮겨졌다. 한국전쟁 때 또 한 번 불에 타 훼손되었고, 1968년 경복궁의 정면에 다시 세워졌으나 정확한 위치나 소재 등의 문제로 2006년 들어 복원 공사가 시작되었다. 그리고 2010년, 본래의 위치로 돌아온 광화문이 완공되었다. 2023년 문 앞 월대와 해태상, 현판의 복원도 완료되었다.

鐘	路
종 종	길 로

조선 초기부터 이 지역에 인정과 파루를 알리는 종이 달린 종루(鐘樓)가 있었다. 그곳에서 4대문으로 통하는 길을 종길, 또는 종로라고 부른 것에서 유래한다.

■ 조선시대에는 종을 쳐서 통행금지를 알렸다. 인정(人定)은 밤 10시에 종을 쳐서 통행금지를 알리는 것이고, 파루(罷漏)는 새벽 4시에 종을 쳐서 통행금지를 해제하는 것이다. 종로는 왕의 행차를 위해 일직선으로 반듯하게 만들어졌으며, 조선시대 제일의 번화가로 서울의 중심 도로였다.

乙	支	路
새 을	지탱할 지	길 로

고구려 장군 을지문덕의 성(姓)인 '을지'를 지명으로 사용했다. 일본식 지명을 청산하기 위해 광복 직후에 을지로라는 명칭으로 개명하여 을지문덕을 기념하고 있다.

■ 을지문덕은 고구려-수 전쟁에서 대승을 이끈 고구려 장군이다. 뛰어난 전술로 수나라 별동대의 공격을 막아 냈으며, 유인책으로 회군하게 한 뒤 적군이 살수를 건널 때 공격해 압도적인 승리를 거두었다. 30만에 달한 병력 중 불과 2,700명만 살아서 도주했다는 이 전투가 바로 '살수대첩'이다.

靑	丘
푸를 청	언덕 구

예로부터 청색은 동쪽을 상징하여 청구는 '동방의 나라' 즉, 동쪽에 있는 나라를 뜻한다. 삼국시대부터 청구는 우리나라를 일컫는 말로 쓰였으며 이는 『삼국사기』, 『삼국유사』의 기록을 통해 확인할 수 있다. 일제강점기에 일본식 지명을 붙였으나, 독립 후 일제의 잔재를 없애고자 청구로 바꾸었고 그것이 역명이 되었다.

新	金	湖
새 신	쇠 금	호수 호

신금호는 인근 3호선의 금호역과 구분하기 위해 신 (新) 자를 덧붙여 완성된 역명이다. '금호'의 유래는 다음과 같다. 조선시대에 이곳에 대장간이 많아서 무수막, 무쇠막, 무시막이라 불렸다가, '무쇠 마을'을 한자로 옮겨 수철리(水鐵里)가 되었다. 무쇠로 물건을 만드는 대장장이의 마을이라는 뜻은 그대로이면서 수철리의 철(鐵)을 금(金)으로, 수(水)를 호(湖)로 하여 '금호'가 되었다.

往	十	里
갈 왕	열 십	마을 리

'10리를 가라'는 뜻인 왕십리라는 지명은 무학대사가 조선의 도읍지를 찾아다녔던 설화에 기인한다. 무학대사는 태조 이성계의 명을 받아, 조선의 새 도읍지를 찾아다니던 중에 한 노인을 만났다. 노인은 "십 리를 더 가면 도읍이 될 만한 터가 있을 것이오"라고 했고, 무학대사는 노인의 말대로 십 리를 더 가서 도읍으로 삼을 만한 곳을 찾았다. 그 후 무학대사가 노인을 만난 곳이 왕십리(往十里)가 되었다.

■ 무학대사는 조선을 건국한 이성계의 한양 천도를 도왔다. 그는 조선 왕조 유일한 왕사(王師)로, 왕사는 임금의 스승인 승려를 말한다.

杏	堂
살구나무/은행나무 행	집 당

이 일대에 살구나무와 은행나무가 많아 행당이라 불렸다.

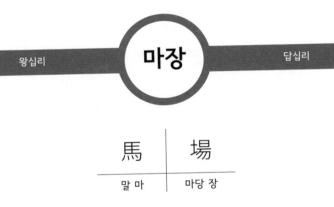

馬	場
말 마	마당 장

조선 초기부터 이곳에 말을 기르던 양마장이 있어 마장내(馬場內), 마장리(馬場里) 등으로 불린 데서 유래한다.

踏	十	里
밟을 답	열 십	마을 리

조선 초 무학대사가 태조 이성계의 명을 받고 조선의 도읍지를 찾던 중, 이곳을 밟았다는 이야기가 담긴 답심리(踏尋里: 밟을 답, 찾을 심, 마을 리)에서 유래했다는 설이 있다. 그리고 이곳이 동대문(흥인지문)에서 십 리 떨어져 있다고 해서 답십리(踏十里: 밟을 답, 열 십, 마을 리)라 불렸다는 설도 있다.

장한평

長	漢	坪
길 장	한수 한	들 평

조선시대에 군마를 키우던 방목장이 여기에 있어서
이 지역을 '목마장 안쪽의 벌판'이라는 뜻의 '마장안
벌'이라고 불렀다. 이를 줄여 '장안벌'이라 부르다가
후에 장한벌, 장안평, 장한평 등으로 변했다는 설이 있
다. 다른 설은 이 지역이 한내(漢川)를 끼고 발달한 평
야여서 장한벌, 또는 장한평이 되었다고도 한다.

군자

君 | 子

임금 군 | 아들 자

옛날에 어느 왕과 왕비가 행차하던 도중 밤이 되어 이 지역에 잠시 머물렀는데, 그날 밤 왕비가 갑자기 아들을 낳았다는 전설이 있다. 왕의 아들이 태어난 곳이라는 의미로 이 부근을 군자라고 부른 데서 유래한다.

峨	嵯	山
높을 아	우뚝 솟을 차	메 산

阿	且	山
언덕 아	또 차	메 산

『삼국사기』에 아차(阿且), 또는 아단(阿旦)이라고 쓰인
문헌이 가장 오래된 기록이다. 이후『고려사』에도 아
차(峨嵯)라는 명칭은 나온다. 이렇듯, 예부터 이곳은
아단, 또는 아차로 불리던 산이었다. 그러나 조선시대
에 와서 태조 이성계의 이름인 단(旦)이라는 한자를 사
용할 수 없어져 아차산(峨嵯山)이라고 부르게 되었다.

이 외, 아차산에 대한 설화 중 가장 많이 알려진 것은
점쟁이 홍계관 이야기다. 조선시대에 점쟁이 홍계관
은 신통하기로 유명하여 그 소문이 궁궐에까지 퍼졌
다. 그러나 왕은 그를 탐탁지 않게 여겨, 그를 시험하

려고 쥐 한 마리가 들어 있는 궤짝을 주고는 몇 마리가 있는지 물었다. 그는 다섯 마리라고 말했고 왕은 홍계관을 죽이라고 명했다. 그런데 궤짝에 있던 쥐의 뱃속에 네 마리의 새끼가 있었다는 것을 뒤늦게 알고, 왕은 '아차' 하고 사형 중지를 명했지만 이미 홍계관은 목숨을 잃고 난 뒤였다.

마지막으로 이 산은 온달이 신라군과의 전쟁을 치르다 죽은 곳으로 알려져 있다. 『삼국사기』를 살펴보면 '온달이 아단성 밑에서 죽었다'라는 기록이 있는데, 이 아단성이 바로 아차산성이라는 것이다. 하지만 충청북도 단양군에 있는 온달산성이라는 의견도 있다.

광나루

廣	나	루
넓을 광		

넓은 강에 나루가 있다는 뜻으로 붙여진 이름이다. 광나루는 조선시대에 한강을 건너는 중요한 나루터였으며, 광진구라는 지명이 광나루에서 유래했다는 설이 있다.

천호

千	戶
일천 천	집 호

풍수지리설에 따라 수천 집이 살 만한 곳이라는 의미로 '천호'라고 불리게 되었다.

遁	村	洞
달아날 둔	마을 촌	골 동

고려 말 학자이자 문인이었던 이집(李集, 1327년~1387년)의 호 둔촌(遁村)에서 유래했다. 『서울지명사전』에 의하면 '고려 말 이집은 신돈의 박해를 피하여 이곳에 은거하며 호를 둔촌이라 하였으므로 둔굴로 불리었다'라는 기록이 있다. 그러나 이집의 피난지는 이곳이 아니라 경상도라는 해석도 있다.

■ 신돈(1323년~1371년)은 고려 말의 승려 출신 정치인이다.

방이

芳 | 荑

꽃다울 방 | 흰 비름 이

이 마을은 지형이 아늑하고 개나리꽃이 많이 피어나 방잇골로 부르다가 한자로 '방이'라고 표기하게 되었다. 또 다른 설로는 병자호란 당시 이 마을에 청나라 군대가 쳐들어왔을 때, 마을 주민들이 힘을 합쳐 청나라 군대를 내쫓았다고 한다. 그래서 막을 방(防), 오랑캐 이(夷) 자를 써서 '오랑캐를 막은 마을'이라는 뜻으로 방이(防夷)라는 이름을 붙였다는 설도 있다. 그러나 이후 마을 사람들의 의견에 따라 한자만 변경해서 방이(芳荑)가 되었다고 한다.

오금

梧	琴
오동나무 오	거문고 금

예로부터 이곳에 오동나무가 많아 가야금을 만드는 장인이 많았다는 데서 유래했다. 오동나무는 가야금의 재료로 쓰인다. 병자호란과 관련된 설도 있다. 인조가 남한산성으로 피난을 가던 중, 오금이 아프다는 이유로 이 부근에서 쉬어 갔다고 한다. 여기서 오금이라는 지명이 생겨났다는 이야기도 있다.

● 오금은 무릎의 구부러지는 오목한 안쪽 부분을 말한다.

開	籠
열 개	대그릇 롱

조선 인조 때 임경업 장군이 이곳에서 농(옷을 넣는
장)을 주웠다. 그 안에 있는 갑옷을 꺼내 입었다는 전
설에서 유래했다.

巨	餘
클 거	남을 여

이 지역에 '거암'이라는 사람이 살아 '거암리'라고 불
리던 지명이 점차 김이, 겜리 등으로 변화하다가 거여
가 되었다.

마천

馬	川
말 마	내 천

이 지역에 있는 천마산(天馬山)의 이름을 딴 마천리(馬川里)라는 지명에서 유래되었다. 관련된 전설이 하나 있는데, 조선시대 임경업 장군이 이곳을 지나다가 백마를 얻었다고 한다. 그 말에게 물을 먹이니 가뭄이 와도 계속 물이 샘솟아서 사람들은 그곳을 마천(馬泉: 말마, 샘 천)이라 부르기 시작했다고 한다. 이후에 샘 천(泉) 자가 내 천(川) 자로 변했다.

吉 ｜ 洞
길할 길 ｜ 골 동

산사태나 홍수 같은 자연재해를 피해 길할 동네라는
의미를 담은 지명이다. 마을이 길게 자란 나뭇가지의
모습을 닮았다는 뜻의 '기리울'이라는 옛 지명에서 유
래했다는 설도 있다.

조선시대에 마을과 마을을 잇는 굽은 다리가 있었다. 이 다리의 생김새를 따 지명이 그대로 '굽은다리'가 되었다. 한자로 옮겨 마을 이름을 곡교리(曲橋里: 굽을 곡, 다리 교, 마을 리)라고 하기도 했다.

明	逸
밝을 명	달아날 일

고려시대에 관리들이 출장할 때 묵는 숙박소 명일원(明逸院)이 부근에 있어 명일이라는 지명이 유래했다.

고덕

高	德
높을 고	덕 덕

고려 말, 정3품의 형조참의(刑曹參議)라는 벼슬을 하던 이양중은 조선이 건국되자 고려에 대한 충절을 지키기 위해 벼슬을 거부하며 이 부근에서 조용히 거주했다. 사람들은 그의 절개를 보고 덕이 높은 인물이라며 추앙했고 그를 기억하고자 고덕이라는 지명을 붙였다.

上	一	洞
위 상	한 일	골 동

고덕천의 상류에 있어 생겨난 지명이다.

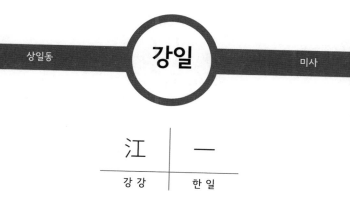

江	一
강 강	한 일

고덕천의 하류 부근이라 '하일동'이라는 동명이 붙었
으나, 주민들의 의견을 반영해 강일동으로 명칭을 바
꾸었다.

渼	沙
물놀이 미	모래 사

과거 이곳이 고운 모래로 둘러싸여 있는 모습을 보고
사람들은 물결이 일렁이는 것 같다고 하며 미사리(渼
沙里)라고 불렀다.

河	南	黔	丹	山
강 하	남녘 남	검을 검	붉을 단	메 산

백제의 승려 검단선사(黔丹禪師)가 이곳에서 은거하며
지냈다는 설화로부터 유래한 이름이다.

6호선

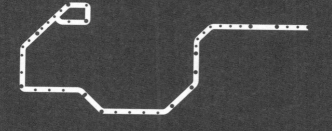

鷹 | 岩
매 응 | 바위 암

인근 백련산에 있는 큰 바위의 모습이 마치 매가 앉아
있는 모습 같아 예부터 '매바위골'이라고 부른 데서 유
래한다. '매바위'를 한자로 옮긴 이름이 '응암'이다.

역촌

驛	村
역 역	마을 촌

조선시대 역참이었던 연서역에서 일하던 사람들이 거
주하는 마을이라 역촌이라고 불렸던 것에 기인한다.
19세기 말 역참은 폐지되어 현재는 연서역과 관련된
흔적은 남아있지 않지만, '역촌'이란 지명은 이어 오고
있다.

■ 역참은 전국 주요 도로에 일정 간격으로 설치되었던 시설이
다. 소식을 전달하는 통신 역할뿐 아니라, 국가 업무로 이동하는
사신이나 관료에게 숙식을 제공하고 말을 관리해 주는 기능을 담
당했던 곳이다. 19세기 말 우편 등 근대적 통신 제도가 생겨나면
서 역참은 폐지되었다.

불광

佛 | 光

부처 불 | 빛 광

불광은 인근 사찰인 '불광사'에서 나온 말로, '부처의 서광'이란 의미다. 또한 이곳에 바위와 절이 많아 부처의 서광이 서려 있다고 해서 '불광'이라 불리게 되었다는 설도 있다.

● 서광이란 불교의 이상향인 서방정토에서 비치는 빛을 말한다.

마치 독(항아리)처럼 생긴 바위가 있는 마을이라 '독바위골'이 되었다는 설이 있다.

연신내

延	新	내
인도할 연	새 신	

연신내는 연천(延川) 또는 연서천(延曙川)에서 유래되었다. 이 이름들은 고려시대부터 이곳에 있었던 연서역이라는 역참에서 유래하였다. 또 다른 설로는 조선 인조반정 때, 인조가 신하를 늦게 만난 개천이라 연신내(延: 인도하다, 臣: 신하)라고 불렸다는 것이다.

■ 역참은 전국 주요 도로에 일정 간격으로 설치되었던 시설이다. 소식을 전달하는 통신 역할뿐 아니라, 국가 업무로 이동하는 사신이나 관료에게 숙식을 제공하고 말을 관리해 주는 기능을 담당했던 곳이다. 19세기 말 우편 등 근대적 통신 제도가 생겨나면서 역참이 폐지되었다.

龜 | 山
거북 구 | 메 산

인근 산의 모양이 거북이를 닮았다고 해서 유래한 이름이다.

이 마을에 신사(新寺: 새 절)가 있던 데서 유래했다. 한자 뜻은 다르지만 동음인, 3호선 신사역(新沙)이 개통되면서 역명 중복을 피해 순우리말로 역명을 지었다.

繪	山
비단 증	메 산

부근에 있는 산이 시루처럼 생겨 '시루메'라고 불렸고,
이를 한자로 옮겨 '증산(甑山: 시루 증, 메 산)'이 되었다.
하지만 시루는 바닥이 뚫려 새어 나간다는 의미를 내
포해서 주민들의 의견에 따라 비단 증(繪) 자로 한자
를 바꾸었다.

● 시루는 떡을 찔 때 사용하는 바닥에 구멍이 여러 개 뚫린 그릇을 일컫는다.

麻	浦
삼 마	개 포

우리말로 '삼개'라고 불리던 포구의 이름을 한자로 삼마(麻) 자와 개 포(浦) 자로 표기한 데서 '마포'라는 지명이 유래되었다.

망원

望	遠
멀리 내다볼 망	멀 원

망원이라는 지명은 망원정(望遠亭)에서 그 유래를 찾을 수 있다. 망원정은 세종대왕의 형인 효령대군의 별장이었다. '멀리 내다볼 수 있는 정자'라는 뜻 그대로 한강의 경치를 감상할 수 있어 조선시대 많은 선비들이 즐겨 찾던 곳이었다고 한다.

■ 효령대군의 별장이던 당시에는 세종대왕이 이 정자에 '희우정(喜雨亭)'이라는 이름을 하사했다. 이후 효령대군이 월산대군에게 희우정을 주었을 때, 월산대군이 그 이름을 '망원정'으로 바꾸었다. 현재, 망원정은 조선시대 정자로 서울특별시 기념물 제9호로 지정되었다.

合 | 井

합할 합 | 우물 정

한강에서 떠내려온 조개껍데기가 우물 바닥에 많아서 '조개우물', 즉 합정(蛤井)이라고 불렸다. 이때 '합(蛤)'은 조개를 의미하며, 이후 한자만 변경되어 합정(合井)이 되었다.

上 | 水

위 상 | 물 수

한강 주변의 마을 중에서 위쪽에 있어 붙여진 이름이다.

廣 | 興 | 倉

넓을 광 | 일어날 홍 | 창고 창

고려시대와 조선시대에 관리들의 녹봉을 관리하는 관청이자, 녹봉으로 지급될 곡식을 보관하는 창고였던 광흥창이 위치한 곳이라 역명으로 정해졌다.

■ 광흥창은 고려시대 문종이 만든 '좌창'을 충선왕(1308년)이 관제를 개혁하면서 그 명칭을 바꾼 것이다. 이후 조선 태조 이성계(1392년)는 '광흥창'이라는 명칭을 그대로 사용하였다.

● 녹봉은 국가가 관리에게 보수로 지급하는 곡식이나 베, 돈 따위를 통틀어서 지칭하며, 현재는 공무원의 봉급을 비유하는 말로 쓰인다.

孔	德
구멍 공	클 덕

우리말로 고원의 평평한 곳을 '더기' 혹은 '덕'이라고
했는데, 이 일대가 언덕진 곳이라 '큰더기', '큰덕' 등으
로 불렸다. 이 지명이 음이 비슷한 한자인 공덕(孔德)
리로 불리게 됐다는 설이 있다.

孝	昌	公	園
효도 효	창성할 창	공평할 공	동산 원

효창공원이라는 이름은 조선시대 정조의 장남으로 5세에 사망한 문효세자의 묘인 효창묘에서 기인한다. 이후 왕실 묘역이 형성되면서 고종 때 효창원으로 승격되었다. 그러나 일제강점기에 왕실 묘는 고양에 있는 서삼릉으로 이장해 효창원은 훼손되었고 효창공원이 되었다. 해방 후 백범 김구선생 묘, 삼의사 묘(이봉창, 윤봉길, 백정기) 그리고 안중근 의사 가묘를 비롯해 독립을 위해 목숨 바친 순국열사들이 이곳에 잠들어 있다.

녹사평

綠	莎	坪
푸를 녹	사초 사	들 평

조선 고종 때까지만 하더라도 이 부근은 수풀이 무성하고 사람도 거의 없었다. 이 때문에 '푸른 풀이 가득한 들'이라는 의미로 '녹사평'이라고 불렸다.

이태원

梨	泰	院
배나무 이	클 태	집 원

조선시대 원 중에서 '이태원'이 있던 곳이다.

■ 원은 여행객들에게 숙식을 제공했던 곳으로 국가의 지원을 받기는 했으나 민간에 의해 운영되었던 시설이다. 이와 달리, 역은 국가의 관리하에 공적 업무로 이동하는 사신이나 관료에게 숙식을 제공하고 말을 빌려주는 일을 담당했으며, 국가의 긴급한 소식을 전달하는 역할도 맡았다. 원과 역은 이런 차이가 있지만 여행객에게 숙식을 제공한 공통점이 있다.

이태원 　　　　　　　　　　　　　　　버티고개

漢	江	鎭
한수 한	강 강	진압할 진

예로부터 인근 한강에 있던 나루터에서 유래한 지명
이다. 조선시대에는 송파, 노량과 함께 중요한 삼진(三
津) 중 하나였다.

버티고개

한강진   약수

옛날 이 고개는 인적이 드물고 좁았기 때문에 도둑이 종종 나타났다. 순찰하던 군졸들은 도둑을 보면 "번도!"라고 외치며 도둑을 쫓아냈다고 한다. 그래서 이 고개는 '번티', '버티' 등으로 불렸고 후에 '버티고개'가 되었다.

약수

버티고개   청구

藥	水
약 약	물 수

인근에 약수터가 있어서 유래된 이름이다.

청구

青	丘
푸를 청	언덕 구

예로부터 청색은 동쪽을 상징하여 청구는 '동방의 나라' 즉, 동쪽에 있는 나라를 뜻한다. 삼국시대부터 청구는 우리나라를 일컫는 말로 쓰였으며 이는 『삼국사기』, 『삼국유사』의 기록을 통해 확인할 수 있다. 일제강점기에 일본식 지명을 붙였으나, 독립 후 일제의 잔재를 없애고자 청구로 바꾸었고 그것이 역명이 되었다.

新 | 堂

새 신 | 집 당

신당은 무속인이 신을 모신 집을 뜻하는 신당(神堂)에서 유래되었다. 조선시대 때 시신을 내보내는 시구문이었던 광희문 바깥에는 죽은 자의 명복을 비는 무당이 모였고 신당이 생겨났다. 당시에는 이곳을 신당(神堂)이라 했고, 갑오개혁 때 발음은 같지만 '새로운 집'이라는 뜻인 신당(新堂)으로 바뀌었다.

■ 조선시대에는 도성 안에 무덤을 만들 수 없었고 지정된 성문을 통해서만 시신이 한양 밖으로 나갈 수 있었다. 이때 지정된 성문으로 광희문(서소문)과 소의문(남소문)이 있었다. 광희문은 '시체가 나가는 문'이라는 뜻인 시구문(屍口門)이라고도 불렸다.

동묘앞

東	廟
동녘 동	사당 묘

동묘는 동관왕묘(東關王廟)의 줄임말로, 중국 촉나라의 장수 관우(關羽)의 사당이다.

■ 임진왜란(1592년~1598년)이 일어나자 조선은 명나라에 원병을 요청했다. 군사를 파병한 명나라는 관우의 신령이 도왔기에 왜군을 물리칠 수 있었다며 관우의 사당을 짓기를 제안했다. 이를 위해 당시 명나라 왕 신종은 친필 현판과 동묘 건축 비용을 보냈고, 그리하여 동관왕묘는 선조 34년(1601년)에 창건되었다. 동관왕묘는 1963년 1월 21일 보물(제142호)로 지정되었다.

昌 | 信
창성할 창 | 믿을 신

조선시대에 사용했던 지명인 '인창방'의 '창', '숭신방'의 '신'을 따서 1914년 '창신'이 되었다. 조선시대에는 한성부를 5부로 나누고 각 부를 52방으로 나눠, 방(坊)은 지금의 동(洞)과 비슷한 행정구역이다.

■ 태조는 수도 한성부를 효율적으로 관리하기 위해 지리적 방향에 따라 동부, 서부, 남부, 북부, 중부의 5개 부로 나누고 그 아래 방을 두었다. 하부 조직인 방의 수는 시대에 따라 축소 또는 확대되었다.

창신   안암

普	門
넓을 보	문 문

인근에 위치한 사찰인 '보문사(普門寺)'에서 유래한 역
명이다.

■ 보문사는 1115년(예종 10년)에 담진국사(曇眞國師)가 창건하
고 보문사라고 명명했으며, 조선시대에 들어와서는 1692년(숙
종 18년)에 중건되었다.

安 | 岩

편안할 안 | 바위 암

옛날, 이 지역에 여러 명이 편하게 앉아 쉴 수 있을 만
큼 큰 바위가 있었는데, 이를 '앉일바위'라고 불렀다.
앉일바위를 한자로 표기해 '안암(安岩)'이 되었다.

월곡

月	谷
달 월	골 곡

이 부근에 있는 천장산의 지형이 마치 반달처럼 생겨 마을을 '다릿굴' 혹은 '다릿골'이라고 불렀다. 이것이 한자로 옮겨져 '월곡'이 되었다. 또 다른 설로 조선 후기 이곳에 주막이 밀집하여 소를 파는 상인들이 지방에서 올라와 숙박했다고 한다. 이 상인들은 달이 희미하게 남아 있는 새벽부터 장사를 시작했고, 여기서 '월곡'이라는 지명이 유래했다는 이야기도 있다.

돌곶이

근방에 있는 천장산의 한 줄기가 마치 돌을 꼬치에 줄 줄이 꽂아놓은 것처럼 생겨 '돌곶이'라는 지명이 유래 했다. 한자로 '석관(石串)'이라고 표기해 지금의 성북구 석관동이 되었다.

태릉입구

泰	陵	入	口
클 태	무덤 릉	들 입	입 구

태릉은 조선 제11대 왕 중종의 계비이자 제13대 왕 명종의 어머니인 문정왕후 윤씨의 능이다. 2009년에 태릉을 포함한 40기의 조선 왕릉이 유네스코 세계문화유산으로 지정되었다.

● 계비란 왕비가 사망하거나 지위를 박탈당했을 때, 왕비의 지위를 이어받은 새 왕비를 말한다.

花	郎	臺
꽃 화	사내 랑	대 대

부근에 위치한 육군사관학교가 화랑의 긍지를 잇기
위해 '화랑대'라는 별칭을 사용하고 있어 역명으로 사
용하게 되었다.

■ 화랑대란 사관생도를 신라 화랑의 후예에 비유한 것이다. 화
랑은 신라의 소년들로 이루어진 수련 및 교육 단체이다.

烽	火	山
봉화 봉	불 화	메 산

봉화산은 봉수대가 있었던 산이다.

■ 조선시대 봉수제(烽燧)는 전국의 산 정상에 봉수대를 만들어 놓고 낮에는 연기로, 밤에는 횃불로 나라의 위급한 사태를 중앙에 알리는 통신 제도였다. 그러나 봉수제는 문서를 전달할 수 없었고, 날씨로 인한 변수 등으로 정확한 정보 전달이 어려웠다. 그래서 선조 30년(1597년)에 봉수제의 대안으로 파발이 창설되었다. 파발은 사람이 직접 달리거나(보발: 步撥) 말을 타고(기발: 騎撥) 소식을 전달하는 통신 수단이다. 파발은 일정 거리마다 설치되었으며 여기서 사람이나 말을 교대하여 목적지에 소식을 전달했다.

7호선

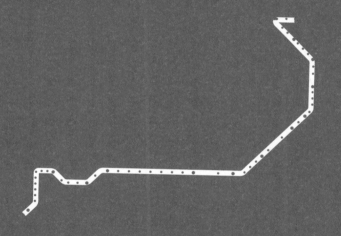

道	峰	山
길 도	봉우리 봉	메 산

도봉산은 큰 바윗길로 이루어져 있어 산이 매우 가파르고 험준하다. 그래서 길이 봉우리로 이어져 있다는 의미로 '도봉'이라 불리게 되었다. 또 다른 설은 이성계가 조선 왕조를 위해 이곳에서 도를 닦았다고 하여 '도 닦은 봉우리'라는 의미도 있다.

水	落	山
물 수	떨어질 락	메 산

물이 떨어지는 산이라는 뜻이다. 산이 바위로 이루어
져 있어 암벽에서 물이 쏟아지는 폭포가 많아 유래된
이름이다.

옛날, 이 지역에 역참이 있어 말을 풀어놓고 키웠다고 해서 마들이라 불리게 되었다고 한다. 또 다른 설로는 이곳에 삼밭이 있어서 '마(麻: 삼 마)들'이 되었다는 것이다.

■ 역참은 전국 주요 도로에 일정 간격으로 설치되었던 시설이다. 소식을 전달하는 통신 역할뿐 아니라, 국가 업무로 이동하는 사신이나 관료에게 숙식을 제공하고 말을 관리해 주는 기능을 담당했던 곳이다. 19세기 말 우편 등 근대적 통신 제도가 생겨나면서 역참을 폐지되었다.

노원

蘆	原
갈대 노	벌판 원

예전 이곳은 넓은 평야에 갈대밭이 많아서 노원(갈대벌판)이라고 불렸다고 한다. 또 다른 설로는 조선시대 한양으로 가던 사신들이 머물렀던 숙박 시설인 원이 있던 곳이라 유래한 이름이라는 것이다. 그러나 조선시대 노원역은 현재의 노원구 지역과 멀리 떨어진 곳에 위치했다고 한다.

■ 원은 여행객들에게 숙식을 제공했던 곳으로 국가의 지원을 받기는 했으나 민간에 의해 운영되었던 시설이다. 이와 달리, 역은 국가의 관리하에 공적 업무로 이동하는 사신이나 관료에게 숙식을 제공하고 말을 빌려주는 일을 담당했으며, 국가의 긴급한 소식을 전달하는 역할도 맡았다. 원과 역은 이런 차이가 있지만 여행객에게 숙식을 제공한 공통점이 있다.

중계

노원   하계

中	溪
가운데 중	시내 계

한천(중랑천)의 중간에 위치해서 붙여진 이름이다.

하계

중계   공릉

下	溪
아래 하	시내 계

한천(중랑천)의 아래쪽에 위치해서 붙여진 이름이다.

공릉

하계

태릉입구

孔	陵
구멍 공	무덤 릉

이 지역에 위치했던 자연 마을인 공덕리(孔德里)의 '공
(孔)'과 태릉(泰陵)의 '릉(陵)'을 합해서 만들어진 지명
이다.

泰	陵	入	口
클 태	무덤 릉	들 입	입 구

태릉은 조선 제11대 왕 중종의 계비이자 제13대 왕 명종의 어머니인 문정왕후 윤씨의 능이다. 2009년에 태릉을 포함한 40기의 조선 왕릉이 유네스코 세계문화유산으로 지정되었다.

● 계비란 왕비가 사망하거나 지위를 박탈당했을 때, 왕비의 지위를 이어받은 새 왕비를 말한다.

먹골

조선시대에 이 지역에서 먹(墨: 먹 묵)을 만들었다고 해서 생긴 지명인 묵동(墨洞)을 우리말로 표기한 것이다. 인근 봉화산의 소나무 참숯으로 만든 먹은 품질이 뛰어나 궁에 바칠 정도였다고 한다. 또 다른 설은 문방사우 중 하나인 먹을 지명으로 사용하면 이 마을의 학문이 높아진다 하여 마을 이름으로 삼았다는 것이다.

● 문방사우(文房四友)는 종이, 붓, 먹, 벼루를 말한다.

中	和
가운데 중	화합할 화

이 지역 자연 마을이었던 중리(中里: 가운데 마을)와 하리(下里: 아랫마을)를 합쳐 중하리(中下里)로 불렸다. 후에 하(下) 대신에 화합한다는 의미의 화(和)를 더해 중화가 되었다.

上	鳳
위 상	봉황새 봉

이 지역 자연 마을이었던 상리(上里)와 봉황동(鳳凰洞)에서 한 글자씩 따와 상봉이 되었다. 상리는 높은 지대에 위치한 마을이라서, 봉황동은 마을 지형이 봉황의 날개와 비슷해서 붙여진 지명이다.

面	牧
얼굴 면	목장 목

이곳은 조선시대에 말을 키우는 목장의 문이 있었던 곳으로, '앞에 목장이 있는 마을'이란 뜻에서 면목(面牧)이라 불리게 되었다.

四	佳	亭
넉 사	아름다울 가	정자 정

용마산 부근에서 거주했던 조선시대 문신이자 학자 서거정(1420년~1488년)의 호인 사가정에서 따온 지명이다.

용마산

龍	馬	山
용 용	말 마	메 산

산세가 머리는 용이고 몸은 말인 '용마'처럼 생겼다고 해서 용마산이라 불리게 되었다는 설이 있다. 또 다른 설은 이 산 아래에 말을 키우는 목장이 많아서 용마가 태어나기를 기원하는 뜻에서 붙여졌다는 것이다.

용마산　　　　　중곡　　　　　군자

中 ｜ 谷

가운데 중 ｜ 골 곡

이 마을은 능동과 면목동 중간에 위치해서 가운뎃말, 간뎃말이라 불린 데서 유래한다. 이를 한자어로 표기하여 중곡이 되었다.

중국　　　　　군자　　　　　어린이대공원

君 ｜ 子

임금 군 ｜ 아들 자

옛날에 왕과 왕비가 행차하던 도중 밤이 되어 이 지역에 잠시 머물렀는데, 그날 밤 왕비가 갑자기 아들을 낳았다는 전설이 있다. 왕의 아들이 태어난 곳이라는 의미로 이 지역을 군자라고 부른 데서 유래한다.

자양　　　　　　　　　　　　　　　　　강남구청

淸	潭
맑을 청	물가 담

한강 변인 이 마을의 물이 맑아서 청숫골이라 부른 데서 유래한다.

강남구청　　　　　　　　　　　　　　　　　논현

鶴	洞
학 학	골 동

이 마을의 모양이 학처럼 생겨서 유래된 지명이다.

論	峴
말할 논	고개 현

이곳은 좌우 벌판이 논밭으로 펼쳐져 있어 '논고개'라
부른 데서 유래한다.

盤 | 浦
소반 반 | 개 포

옛날, 이곳에 개울이 서리서리 굽이쳐 흐른다고 해서
'서릿개'라 불렀는데, 이를 한자어로 반포(蟠: 서릴 반)
라고 부른 데서 유래한다. 반포(蟠浦)는 이후 음은 같
지만, 뜻이 다른 반포(盤浦)로 바뀌었다.

● 서리서리: 실 따위가 둥그렇게 감겨 있는 모양

南	城
남녘 남	성 성

이곳은 남태령의 안쪽에 위치해 마치 성과 같아 남성
(남쪽에 있는 성)이라 부른 데서 유래한다. '남태령'의
유래는 다음과 같다. 조선시대 정조가 수원에 있는 아
버지 사도세자의 능을 참배하러 다닌 길에 여우고개
가 있었다. 이 여우고개라는 이름을 임금님께 아뢰기
상스럽다 하여 '남태령(남쪽으로 맨 처음 있는 큰 고개)'
이라 부르게 되었다는 일화가 있다.

上	道
위 상	길 도

이곳에 관을 나르는 상여꾼이 많이 모여 살아서 상투
굴이라 부른 데서 유래한다.

● 상여(喪輿)는 관을 장지로 옮기려고 사용한 가마를 일컫고, 상여꾼은 상여를
메는 사람을 말한다.

장승이 서있는 곳이라 해서 장승배기라 부르게 되었
다는 설이 있다. 이곳은 정조가 뒤주에 갇혀 비통하게
죽은 아버지 사도세자의 묘소(현륭원)를 참배하러 가
는 길에 쉬어 가던 곳이다. 정조는 이곳에 장승을 세울
것을 명했고 천하대장군과 지하여장군으로 두 개의
장승이 세워졌다.

■ 장승은 길의 경계, 마을이나 절의 입구 등에 세워졌다. 길의 경
계에 세워진 장승은 이정표 역할을 했고, 마을의 입구에 세워진
장승은 마을을 지키는 수호신 역할을 했다. 지금도 장승이 서 있
는 곳을 장승배기라고 칭해 전국에 장승배기라고 불리는 지명은
여러 곳이다.

보라매는 생후 1년이 안 된 새끼를 길들여서 사냥에 쓰는 매를 일컫는 순우리말이다. 예전 이곳은 공군사관학교가 있던 부지였는데, 공군사관학교의 상징인 보라매를 역명으로 따온 것이다.

鐵　　　　山

쇠 철　　　　메 산

마을 모양이 소머리처럼 생겨 소머리가 쇠머리, 쇠멀
로 변하면서 쇠멀마을로 불렸다. '쇠'는 '철'로 '멀'은
'산'이 되어 철산이 되었다는 설이 있다. 또 다른 유래
는 다음과 같다. 주변 산들의 봉우리는 모두 서울로 향
하고 있는데, 이 산은 서울로 향하지 않았다. 그래서
서울을 등지는 역적이 일어날 것을 우려해 이곳에는
묘지를 쓰지 못하게 철망을 쳐서 철망산이라 부르던
게 철산이 되었다는 것이다.

광명사거리

光 | 明

빛 광 | 밝을 명

'광명'은 다른 곳에 비해 해와 달빛이 잘 비추는 마을이라는 뜻에서 지어진 이름이다.

온수

溫 | 水

따뜻할 온 | 물 수

옛날, 이 지역 일대에서 따뜻한 물이 나와 붙은 이름이다.

순우리말인 까치울에 대한 설은 여럿 있는데, 그 중 하나는 까치가 많아서 까치울이 되었다는 것이다. 또 다른 것은 이 마을이 작아서 작다는 뜻을 지닌 '아치'가 까치가 되었다는 설이다. 마지막으로 신라시대 화랑들의 활쏘기 대회에서 김유신이 활을 쏘았는데, 까치 한 마리가 그 활을 문 채 이곳까지 날아왔다고 하여 까치울이라 부르게 되었다는 설도 있다.

掘	浦	川
팔 굴	개 포	내 천

굴포(掘浦)는 '흙을 파서 만든 개울'이란 뜻으로 인공 하천을 일컫는다. 굴포천이라고 불린 것은 고려 고종 이후 또는 조선 중종 이후로 추측한다.

■ 옛날, 궁에 바칠 곡물을 실은 배가 강화도와 김포 사이의 수로 인 손돌목을 지나야 했는데 배가 무사히 지나가기가 힘든 곳이었 다. 그래서 고려 고종 때 우회하는 수로를 만들려고 했지만 실패 했다. 이후 조선 중종 때 다시 시도했지만 결국 만들지 못했다.

富	平
풍요로울 부	평평할 평

'부평'이라는 지명은 문헌상 고려 충선왕 2년(1310년)에 처음 등장한다. 고려와 조선을 거치면서 부평부, 부평도호부, 부평군 등으로 행정구역 명칭이 변천되었다. 부평은 '풍요로운 평야'라는 뜻이지만, 실제 부평이 비옥해진 것은 1925년 이후부터다.

8호선

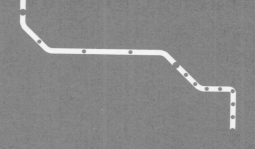

별내

다산

別 | 內

나눌 별 | 안 내

이곳은 조선시대에 양주군 별비면(別飛面)이었다. 일
제강점기인 1914년에 인근 지역인 내동면(內洞面)과
행정구역이 통합되면서 각각 앞 글자를 따 별내(別內)
가 되었다.

茶 | 山
차 다 | 메 산

'다산'은 정약용의 호이다. 실학을 집대성한 조선시대 후기 학자 정약용(1762년~1836년)이 이곳 남양주(조안면 능내리 마재마을)에서 태어났기 때문에 그의 호를 지명으로 썼다.

■ 다산 정약용은 거의 모든 분야의 학문을 아우르는 방대한 양의 도서를 집필했다. 『목민심서』, 『경세유표』, 『흠흠신서』는 500여 권에 달하는 그의 저서 중 대표작이다.

동구릉

東	九	陵
동녘 동	아홉 구	무덤 릉

'동쪽에 있는 9개의 무덤'이란 뜻으로, 조선 왕조를 거쳐 오면서 총 9개의 무덤이 모여 있는 곳이다. 왕족의 무덤이 늘어날 때마다 동오릉, 동칠릉과 같이 이름이 바뀌다가 수릉(아홉 번째 왕릉)을 마지막으로 동구릉으로 그 이름이 굳어졌다.

■ 구릉에는 태조 이성계를 포함해 7명의 왕과 10명의 왕후가 안장되어 있는 우리나라 최대 규모의 왕릉군이다. 9개의 능은 다음과 같다. 건원릉(태조), 현릉(문종, 현덕왕후), 목릉(선조, 의인왕후, 인목왕후), 휘릉(장렬왕후), 숭릉(현종, 명성왕후), 혜릉(단의왕후), 원릉(영조, 정순왕후), 경릉(헌종, 효현왕후, 효정왕후), 수릉(추존왕 익종(효명세자), 신정왕후)이다.

九 | 里

아홉 구 | 마을 리

일제강점기였던 1914년에 구지면(九旨面)과 망우리면(忘憂里面)이 통합되면서 '구' 자와 '리' 자를 합해 '구리'가 되었다. '구리'의 어원은 구지면의 유래를 통해 찾아볼 수 있다. 부리 모양으로 뾰족하게 뻗은 육지를 곶(串)이라고 하는데, 이곳도 한강 쪽으로 육지가 돌출했다고 볼 수 있어 '곶'이라 불렸다. 곶이, 고지, 구지로 발음되면서 '구지'로 변했는데, 이를 한자로 구지(九旨)라 표기하였다. 1871년에 간행된 <경기읍지> 지도에 구지(九旨)라고 쓰여 있다.

岩	寺
바위 암	절 사

이곳에 바위절이 있었는데, 이 절을 한자로 암사라고
부른 데서 유래한다.

千	戶
일천 천	집 호

풍수지리설에 따라 수천 집이 살 만한 곳이라는 의미
로 '천호'라고 불리게 되었다.

夢	村	土	城
꿈 몽	마을 촌	흙 토	성 성

몽촌은 이 마을 이름이 '곰말'인 것에서 유래한다. '곰'은 옛말로 꿈을 의미하므로 곰말은 꿈마을을 뜻하는데, 이를 한자로 표기해서 몽촌이 되었다. 토성은 삼국시대 백제의 성으로 현재 사적 제297호로 지정되었다.

蠶	室
누에 잠	집 실

조선시대 때 백성들에게 양잠을 장려하기 위해 뽕나무를 심고 누에를 키우는 방인 '잠실'을 두었던 것에서 지명이 유래되었다. 조선 세종 때 서잠실과 동잠실을 설치했는데, 서잠실은 현재 서대문구 연희동 쪽이고 동잠실이 지금의 송파구 잠실이다.

■ 조선시대에는 남성에게는 농업을, 여성에게는 양잠을 적극적으로 권장했다. 뽕나무를 키워 누에를 쳐서 비단을 만드는 양잠(養蠶)은 조선시대 여성에게 매우 중요한 일이었다. 실을 뽑아서 승정원에 바쳤으며 그 정교함과 수량에 따라 상벌을 내리기도 했다고 전해진다. 현재 창덕궁에 400년이 넘은 뽕나무가 있는데, 이는 궁궐에서 양잠을 얼마나 중요시했는지를 보여준다.

잠실   송파

石　　村

돌 석　　　마을 촌

돌이 많아서 이 마을을 '돌마리'라고 불렀는데, 이를 한자로 표기해 '석촌'이 되었다. 백제 초기의 돌무지무덤이 광범위하게 분포하고 있는 것과 관련이 있다고 추정한다.

송파

松	坡
소나무 송	고개 파

옛날 이 마을 언덕에 소나무가 많아 소나무 언덕이라고 부르던 것이 '송파'가 되었다는 설이 있다. 또 다른 유래는 다음과 같다. 조선 문종 즉위년에 경기 관찰사가 "삼전도보다 연파곤이 물살이 빠르지 않으니 나루터로 하겠다"라는 요청을 했는데, 연파곤이 소파곤으로 발음되다가 소파리로, 이후 송파진으로 불린 게 송파가 되었다는 것이다.

可　|　樂

가히 가　|　풍류 락

'가락골'이라는 마을 이름에서 유래했다는 설과, 1925
년 대홍수로 침수된 지역에 사는 주민들이 이 지역으
로 이주하면서 '가히 살기 좋은 땅'이라고 부른 데서
유래했다는 설이 있다.

文 | 井

글월 문 | 우물 정

'문정'은 병자호란 때 남한산성으로 피난 가던 인조의 일화와 관련이 있다. 피난 중에 이곳에서 물을 마셨는데, 물맛이 좋아서 '문씨 마을의 우물'이라는 뜻의 '문정'이 되었다는 설이 있다. 이 마을에는 문씨(文氏)가 많이 살았다고 한다.

長	旨
길 장	맛있을 지

마을 지형이 길다고 해서 붙여진 이름이다. 잔 버들이
많아서 붙여진 이름이라고도 한다.

福	井
복 복	우물 정

이곳에 물맛이 좋은 '복우물'이 있었던 것에서 유래
한다.

남위례

南	慰	禮
남녘 남	위로할 위	예절 례

위례는 삼국시대 백제 건국 초기의 도성인 위례성에서 유래한다. 위례는 우리말인 '우리', '울타리'를 한자로 차자 표기(빌려쓰기) 한 것이다. 그 뜻은 크고 많다는 의미를 포함해서 한 울타리에 여러 마을이 모여 있는 '큰 성'을 의미하는 것으로 추정한다.

● 차자 표기법이란 한자를 이용하여 우리말을 표기하는 방법이다.

南	漢	山	城
남녘 남	한수 한	메 산	성 성

한양을 지켰던 조선시대 산성이다. 백제의 시조인 온조왕이 세웠다는 설과 신라의 성이라는 설이 있으며 이후 여러 차례 증축된 성이다. 병자호란 때 인조가 이곳에서 40일간 청나라에 대항했지만 결국 항복한 곳이다. 험한 지형을 이용해 성곽을 구축한 산성으로 그 형태, 구조, 자재 등에서 과학적 정밀함을 보여주는 등, 문화유산으로 가치를 인정받아 국가 사적으로 지정되었을 뿐 아니라, 2014년 6월 유네스코 세계문화유산으로도 등재되었다.

壽	進
목숨 수	나아갈 진

세종대왕의 7번째 아들(평안대군)이 어린 나이에 사망한 후 그 묘를 관리하기 위해 별궁인 수진궁을 이곳에 세웠다. 그 이름에서 유래한 역명이다.

9호선

한성
백제

漢	城	百	濟
한수 한	성 성	일백 백	건널 제

기원전 18년부터 475년까지 백제의 수도였던 '한성'
에서 유래한다. 백제는 한성시대(BC 18년~475년), 웅
진시대(475년~538년), 사비시대(538년~660년)로 나
누어진다.

■ 기원전 18년에 건국된 백제는 475년(개로왕) 때까지인 493
년 동안, 한성(서울, 지금의 하남위례성)을 도읍으로 삼았다.
475년 고구려 장수왕에 의해 한성이 함락되어 웅진(지금의 공
주)으로 천도하였고, 이후 538년 성왕 때 사비(지금의 부여)로
천도하였다.

石	村
돌 석	마을 촌

돌이 많아서 이 마을을 '돌마리'라고 불렀는데, 이를
한자로 표기해 '석촌'이 되었다. 백제 초기의 돌무지무
덤이 광범위하게 분포하고 있는 것과 관련이 있다고
추정한다.

石	村	古	墳
돌 석	마을 촌	옛 고	무덤 분

사적 제243호로 지정된 석촌동 고분군의 명칭을 역명
으로 했다. 석촌동 고분군에는 백제 초기 무덤인 적석
총(돌무지무덤)과 봉토분(흙무덤)이 분포되어 있다.

삼전

三	田
석 삼	밭 전

이 마을에 밭이 세 개 있다고 해서 붙여진 지명으로 그 유래는 다음과 같다. 이 지역은 본래 포구였지만, 다른 곳과 달리 이 세 곳에는 물이 드나들지 않아 밭으로 써서 삼전이 되었다는 설이 있다.

봉은사

奉	恩	寺
받들 봉	은혜 은	절 사

신라시대 원성왕(794년) 때 창건된 사찰이다.

선정릉

宣	靖	陵
베풀 선	편안할 정	무덤 릉

조선 9대 임금인 성종과 왕비 정현왕후의 능인 선릉,
그리고 11대 임금인 중종이 안장된 정릉을 의미한다.

고속터미널   구반포

新	盤	浦
새 신	소반 반	개 포

이곳 개울이 서리서리 굽이쳐 흐른다고 해서 '서릿개'
라 불렸는데, 이를 한자어로 반포(蟠: 서릴 반)라고 부
른 데서 유래한다.

● 서리서리: 실 따위가 둥그렇게 감겨 있는 모양

동작

銅	雀
구리 동	검붉은 빛깔 작

조선시대 때, '동재기나루터'의 한자명 동작진에서 유래했다. 동재기는 강변 일대에 구리색을 띤 돌들이 많이 있던 곳이라 붙여진 이름이다.

흑석

동작　　　　　　　　　　　　　　　　　　　　노들

黑　｜　石

검을 흑　｜　돌 석

예부터 이곳의 돌이 검은색이어서 '검은 돌 마을'이라
불린 데서 유래한다.

노들

흑석　　　　　　　　　　　　　　　　　　　　노량진

노들은 '백로가 노닐던 징검돌'이란 뜻의 순우리말이
다. 이 근처 나루터를 노들나루라고 했고, 이를 한자어
로 하면 노량진이 된다.

노량진

鷺	梁	津
해오라기 노	들보 량	나루 진

노량진은 '백로(白鷺)가 노닐던 나루터'라는 뜻으로 '노들나루'를 한자어로 만든 이름이다.

■ 노량진은 예로부터 한강을 가로지르는 교통의 요지로, 조선시대에 지금의 용산에서 수원 방면으로 가려면 이 나루터를 거쳐야 했다. 노량진역은 1899년 9월 18일 개통된 우리나라 최초의 철도 '경인선'의 시종착역이었는데, 당시 경인선은 노량진에서 인천 제물포까지 이어졌다.

샛강

큰 강에서 한 줄기가 갈려 나와 중간에 섬을 이루고,
하류에서 원래의 큰 강과 다시 합류하는 강을 일컫는
순우리말이다.

여의도

샛강   국회의사당

汝 | 矣 | 島

너 여 | 어조사 의 | 섬 도

본래 여의도에는 양말산이라는 낮은 산이 있었다. 홍수가 나면 한강이 범람해 산 중턱까지 물에 잠기는 일이 잦았는데, 잠긴 양말산의 정상이 머리를 살짝 내민 듯한 모습을 보며 사람들이 '나의 섬', '너의 섬'이라고 불렀다. 이것을 한자로 표기하여 여의도(汝矣島)가 되었다는 설이 있다. 지금은 양말산이 있던 자리에 국회의사당이 있다. 또 다른 설로는, 여의도의 우리말 지명은 드넓은 섬이라는 뜻의 '너벌섬'이었다고 한다. 이 이름을 한자로 표기하여 여의도라고 적었다.

堂	山
집 당	메 산

늦은 봄, 이곳에 해당화가 많이 피었다고 해서 해당화의 '당(棠)' 자를 써서 당산 마을이라고 불렸다 한다. 이 기록은 조선 후기 영조 때 편찬된 『여지도서』에 있다. 또 다른 설은 다음과 같다. 마을 한가운데 단산(單山)이라는 산에 은행나무 두 그루가 있었다. 이 나무는 마을의 수호신과 같아서 이곳에 신을 모시는 사당인 부군당(府君堂)을 짓고 당제(堂祭)를 지냈던 것에서 유래한다.

■ 옛 사람들은 마을을 지켜 준다고 믿었던 마을신에게 마을의 안녕과 풍요를 기원하는 의례인 당제를 지냈다.

248

선유도

仙	遊	島
신선 선	놀 유	섬 도

옛날, 산봉우리가 해발 50m 정도였던 작은 봉우리 섬
인 '선유봉'에서 그 이름이 유래되었다. 『대동여지도』
에 '선유봉'이라는 지명이 기록되어 있다. 선유봉은 이
름처럼 신선이 노닐 듯 아름다운 모습을 자랑했다. 이
때문에 선비나 중국에서 온 사신이 자주 찾아왔다. 또
한, 선유봉의 돌은 숫돌로 사용할 수 있을 만큼 좋아
'지주봉'이라고 불리기도 했다.

염창

鹽	倉
소금 염	창고 창

이곳에 조선시대 서해안과 남해안의 염전에서 채취한 소금을 서울로 운반하는 배가 드나들었다. 이 때문에 이곳에 소금을 보관하는 창고가 있어 이곳을 염창이라 부르게 되었다.

등촌

登	村
오를 등	마을 촌

이 마을의 지형이 산등성이로 이루어졌다 해서 '등마루골'이라 불렸는데, 한자로 등촌이라 적었다.

증미

曾	米
일찍 증	쌀 미

이곳 증미산 앞의 한강은 폭이 좁고 물살이 세서 쌀을 실은 배가 자주 침몰했다고 한다. 배가 침몰했을 때 주민들이 쏟아지는 쌀을 건져 냈는데, 이를 일컬어 건질 '증(拯)' 자와 쌀 '미(米)' 자를 써 증미라고 부른 데서 유래한다. 현재 음은 그대로이지만 뜻은 변경된 증미(曾米)로 표기한다.

陽	川	鄕	校
볕 양	내 천	시골 향	학교 교

서울에 위치한 유일한 향교인 양천향교를 역명으로
하였다.

■ 조선시대 지방 교육기관이었던 향교는 교육뿐 아니라 공자를
중심으로 여러 성현에게 제사를 지냈던 곳이다. 갑오개혁(1894
년)으로 과거제도가 폐지된 이후에는 교육 기능은 없어지고 제
사 기능만 남아있다. 양천향교는 태종 11년(1411년)에 설립되었
으며 1981년에 복원되어 지금의 모습을 갖추게 되었다. 현재 서
울에 위치한 유일한 향교이다.

麻	谷
삼 마	골 곡

이 일대에서 삼(麻) 농사가 이루어져 마곡이라 부르게
되었다.

開	花
꽃이 필 개	꽃 화

이곳은 산 모양이 꽃이 활짝 핀 형상을 하고 있다는
개화산 아래에 위치한다. 이 산 이름에서 지명이 유래
됐다.

지하철 타고 어휘 여행

초판 1쇄 발행 2024년 11월 15일

지은이   책장속 편집부

발행인   신호정
교열   김수민
마케팅   백혜연, 홍세영
디자인   김태양

펴낸곳   (주)책장속북스
신고번호   제2024-000027호
주소   서울시 송파구 양재대로 71길 16-28 원당빌딩 4층
전자우편   chaeg_jang@naver.com
대표번호   02)2088-2887
팩스   02)6008-9050
인스타그램   @chaegjang_books

ISBN   979-11-987214-3-3 03190

아래는 후원자 명단입니다.

예스 펀딩에 참여해 주신 독자님께 진심으로 감사드립니다.

2호선피유즈, Hoon JG, Jacob, 강기훈, 강수빈, 강승주, 강지훈,
강채운, 고세인, 고원석, 공태준, 곽비주, 곽준현, 구민준, 권금숙,
김거형, 김건, 김건우, 김경민, 김경진, 김광산, 김기승, 김나연,
김나영, 김대영, 김대회, 김동규, 김두영, 김미영, 김미혜, 김민규,
김민희, 김보람, 김서진, 김선웅, 김세현, 김수현, 김신아, 김여진,
김영미, 김유안, 김윤명, 김윤성, 김은성, 김은정, 김은지, 김의수,
김의정, 김재연, 김재환, 김정기, 김정민, 김주헌, 김준근, 김준민,
김지원, 김지원, 김지윤, 김지은, 김지현, 김지혜, 김진숙, 김진희,
김찬형, 김창숙, 김태화, 김한을, 김현설, 김현진, 김혜원, 김효정,
김희현, 나노진, 나성룡, 노성은, 류수지, 문경호, 문혜숙, 박경미,
박다운, 박문희, 박미, 박미나, 박민영, 박선재, 박세원, 박수빈,
박수용, 박수호, 박영근, 박유진, 박은아, 박은주, 박장원, 박종철,
박지민, 박지연, 박지연, 박지윤, 박지은, 박천웅, 박하나, 박현지,
박효정, 방소라, 배성민, 배승환, 배용호, 배지율, 백동현, 선미, 윤우,
선율, 성동욱, 성동현, 성상현, 송미정, 스네룽, 신승배, 신승빈,
안상인, 안성현, 안준형, 양근희, 양소희, 양슬기, 엄효자, 오원진,
오정택, 오주원, 오지수, 오화영, 월북, 유하영, 윤석임, 이가영,
이근후, 이남미, 이보슬, 이상주, 이상한, 이상혁, 이상현, 이성우,
이송훈, 이송희, 이수연, 이승훈, 이예진, 이용호, 이우석, 이재이,
이재준, 이재형, 이정운, 이정진, 이주성, 이진원, 이태형, 이혜진,
이훈서, 임성용, 임재선, 임진희, 임채환, 잠실알렉스, 장상휘,
전세정, 정민혁, 정서아, 정선영, 정시윤, 정익, 정인숙, 조계윤,
조민준, 조성준, 조부건, 조성미, 조켄슈, 조한길, 조현성, 조혜연,
주명진, 주상진, 진용훈, 천동규, 천성혼, 최대성, 최명선, 최성미,
최수정, 최안순, 최원재, 최윤지, 최은정, 최재희, 최정우, 최준혁,
최진서, 최택희, 최호영, 하주원, 한나리, 한보영, 한상우, 한승모,
한승희, 한유빈, 한종우, 한철수, 허아람, 허윤정, 홍민지, 홍성욱,
홍승완, 홍정혜, 황영옥, 황은결, 황자웅, 황정희, 황진상, 황찬우